狄膺日記

1947-1949

The Diaries of Ti Ying（Diffoutine Yin）

1947-1949

狄　膺　原著
王文隆　主編

民國日記｜總序

呂芳上
民國歷史文化學社社長

　　人是歷史的主體，人性是歷史的內涵。「人事有代謝，往來成古今」（孟浩然），瞭解活生生的「人」，才較能掌握歷史的真相；愈是貼近「人性」的思考，才愈能體會歷史的本質。近代歷史的特色之一是資料閎富而駁雜，由當事人主導、製作而形成的資料，以自傳、回憶錄、口述訪問、函札及日記最為重要，其中日記的完成最即時，描述較能顯現內在的幽微，最受史家重視。

　　日記本是個人記述每天所見聞、所感思、所作為有選擇的紀錄，雖不必能反映史事整體或各個部分的所有細節，但可以掌握史實發展的一定脈絡。尤其個人日記一方面透露個人單獨親歷之事，補足歷史原貌的闕漏；一方面個人隨時勢變化呈現出不同的心路歷程，對同一史事發為不同的看法和感受，往往會豐富了歷史內容。

　　中國從宋代以後，開始有更多的讀書人有寫日記的習慣，到近代更是蔚然成風，於是利用日記史料作歷史

研究成了近代史學的一大特色。本來不同的史料，各有不同的性質，日記記述形式不一，有的像流水帳，有的生動引人。日記的共同主要特質是自我（self）與私密（privacy），史家是史事的「局外人」，不只注意史實的追尋，更有興趣瞭解歷史如何被體驗和講述，這時對「局內人」所思、所行的掌握和體會，日記便成了十分關鍵的材料。傾聽歷史的聲音，重要的是能聽到「原音」，而非「變音」，日記應屬原音，故價值高。1970 年代，在後現代理論影響下，檢驗史料的潛在偏見，成為時尚。論者以為即使親筆日記、函札，亦不必全屬真實。實者，日記記錄可能有偏差，一來自時代政治與社會的制約和氛圍，有清一代文網太密，使讀書人有口難言，或心中自我約束太過。顏李學派李塨死前日記每月後書寫「小心翼翼，俱以終始」八字，心所謂為危，這樣的日記記錄，難暢所欲言，可以想見。二來自人性的弱點，除了「記主」可能自我「美化拔高」之外，主觀、偏私、急功好利、現實等，有意無心的記述或失實、或迴避，例如「胡適日記」於關鍵時刻，不無避實就虛，語焉不詳之處；「閻錫山日記」滿口禮義道德，使用價值略幾近於零，難免令人失望。三來自旁人過度用心的整理、剪裁、甚至「消音」，如「陳誠日記」、「胡宗南日記」，均不免有斧鑿痕跡，不論立意多麼良善，都會是史學研究上難以彌補的損失。史料之於歷史研究，一如「盡信書不如無書」的話語，對證、勘比是個基本功。或謂使用材料多方查證，有如老吏斷獄、法官斷案，取證求其多，追根究柢求其細，庶幾還

原案貌，以證據下法理註腳，盡力讓歷史真相水落可石
出。是故不同史料對同一史事，記述會有異同，同者互
證，異者互勘，於是能逼近史實。而勘比、互證之中，
以日記比證日記，或以他人日記，證人物所思所行，亦
不失為一良法。

　　從日記的內容、特質看，研究日記的學者鄒振環，
曾將日記概分為記事備忘、工作、學術考據、宗教人
生、游歷探險、使行、志感抒情、文藝、戰難、科學、
家庭婦女、學生、囚亡、外人在華日記等十四種。事實
上，多半的日記是複合型的，柳貽徵說：「國史有日
歷，私家有日記，一也。日歷詳一國之事，舉其大而略
其細；日記則洪纖必包，無定格，而一身、一家、一
地、一國之真史具焉，讀之視日歷有味，且有補於史
學。」近代人物如胡適、吳宓、顧頡剛的大部頭日記，
大約可被歸為「學人日記」，余英時翻讀《顧頡剛日
記》後說，藉日記以窺測顧的內心世界，發現其事業心
竟在求知慾上，1930 年代後，顧更接近的是流轉於學、
政、商三界的「社會活動家」，在謹厚恂恂君子後邊，
還擁有激盪以至浪漫的情感世界。於是活生生多面向的
人，因此呈現出來，日記的作用可見。

　　晚清民國，相對於昔時，是日記留存、出版較多的
時期，這可能與識字率提升、媒體、出版事業發達相
關。過去日記的面世，撰著人多半是時代舞台上的要
角，他們的言行、舉動，動見觀瞻，當然不容小覷。
但，相對的芸芸眾生，識字或不識字的「小人物」們，
在正史中往往是無名英雄，甚至於是「失蹤者」，他們

如何參與近代國家的構建，如何共同締造新社會，不應該被埋沒、被忽略。近代中國中西交會、內外戰事頻仍，傳統走向現代，社會矛盾叢生，如何豐富歷史內涵，需要傾聽社會各階層的「原聲」來補足，更寬闊的歷史視野，需要眾人的紀錄來拓展。開放檔案，公布公家、私人資料，這是近代史學界的迫切期待，也是「民國歷史文化學社」大力倡議出版日記叢書的緣由。

狄膺日記導言

王文隆
南開大學歷史學院副教授

一、狄膺生平

　　狄膺（1896-1964），江蘇省太倉縣璜涇鎮人，為溧陽（舊稱平陵）胥渚狄氏之衍族，原名福鼎，字君武，自號邃思齋主、平常老人，1896 年 1 月 3 日（光緒 21 年 11 月 19 日）生於璜涇鎮，為長子，上有　姐穎芬，下有福震、福晉、福豫三弟，育有原滄（字公望）、原溟（字寧馨）二子。[1] 曾祖父狄勳為生員，嗣祖父狄本仁為國學生，生祖父狄景仁業儒，太平天國之亂後改執棉布業，父親狄為璋曾舉太倉州學秀才第一，上海龍門師範學堂文科卒業，時為私塾老師，後任小學教員及校長，母親陸藏貞。先生五歲認字，1906 年（光緒 32 年）改入高等小學，1908 年（光緒 34 年）冬考入龍門師範學堂，在學五年期間，經歷了辛亥革命，該校改名為江蘇省立第二師範學校，1914 年畢業後，至崑山縣第二高小任教達一年半。[2]

1　狄膺，〈十載追思〉，狄君武先生遺稿整編小組編，《狄君武先生遺稿》（臺北：中國國民黨黨史史料編纂委員會，1965），頁 10；平陵狄氏宗譜續修家譜編修工作組，《平陵狄氏宗譜》（北京：家屬自印，2018），頁 19。

2　狄膺，〈狄膺自傳〉，狄君武先生遺稿整編小組編，《狄君武先生

　　1916 年，先生以國學特別優長，考入北京大學哲學系，名列第八。羅家倫回憶道：

> 狄君武先生與我相識遠在 1917 年北京大學西齋 4 號房間。這號房間裡共住 4 人，為傅孟真、顧頡剛、周烈亞、狄君武。我因為同孟真、頡剛都對文學革命運動有很大的興趣，故常到 4 號商討編撰和出版《新潮》問題。君武此時雖在哲學系，卻愛好「選學」，常常填詞作曲以就正於黃季剛、吳瞿安兩先生。烈亞則治佛學，後來做西湖某大叢林的住持。「道並行而不相悖」，正是當時的氣氛。[3]

　　1919 年，五四運動爆發，許多知識青年紛紛走上街頭抗爭，也有許多學生被捕入獄。羅家倫也回憶與狄膺參與的一段：

> 到了「五四」運動發生的時候，波濤洶湧，君武見外患日迫，軍閥專橫，於是一變其文人積習，而投身於此一運動。如營救五四到六三間陸續被捕之同學一幕，他和我在晚間帶了些食品和內衣等到警察廳內的看守所去「探監」。一進廳門，衛兵均以刺刀相向。我要和他一道進去，他力阻我同去。他說：「他們認得你，不認得我。」又說：「你會同

遺稿》，頁 2-3。

3　羅家倫，〈前言〉，狄君武先生遺稿整編小組編，《狄君武先生遺稿》，頁 1。

他們爭執，讓我單獨去罷！」我不肯，終於同進去。他以和善口吻，說太倉人學講的北京話，對方看他是一個十足的文弱書生，態度也就和緩下來了。這是他在「秀才遇到兵」的場合中，能應變的一幕。以後幾次類似的交涉，同學們都推他去辦。[4]

可見狄膺在學潮中之處事應對得當，分寸拿捏得宜。

1919 年夏天畢業後，狄膺回到江蘇省立第二師範母校任教，次年 1 月與任教於小學的顧瑛（字綴英）結婚。1921 年 7 月，狄膺響應吳稚暉的號召，參加勤工儉學行列，赴法就學於中法大學研究院為特別生，並於留法期間加入中國國民黨。1925 年冬因父親重病，自法歸國甫一個月，父親便過世。1926 年夏赴廣州，供職於國民黨中央政治會議祕書處，和葉楚傖共事，自此參與黨政工作。1927 年，南京國民政府建立後，歷任國民黨南京市黨部宣傳部部長、國民黨江蘇省黨部指導委員。1931 年 10 月起任立法委員，後於 1933 年與 1935 年連任。黨務工作方面，1935 年，他當選為國民黨第五屆候補中央監察委員。1938 年，任國防最高委員會第三處處長。1942 年 12 月，任國民黨中央執行委員會副祕書長。[5] 1945 年，任國民黨第六屆中央執行委員、中央監察委員會祕書長。抗戰勝利後，當選為制憲國民大會代表。1947 年，任中央政治委員會委員。

4　羅家倫，〈前言〉，頁 1。
5　狄膺，〈狄膺自傳〉，頁 3-4。

1948 年，在戶籍地以三十萬票高票當選為第一屆立法
委員。1949 年，國共內戰局勢丕變，自成都經海口遷
至臺灣，妻子滯留南京，原滄、原溟兩兒滯留北平，分
別就讀北大與清華，狄膺孤身一人赴臺，血親僅二房姪
長女狄原湛和其夫婿施文耀來臺。1950 年，任國民黨
中央改造委員會紀律委員會副主任委員。1952 年，改
任黨史史料編纂委員會副主任委員，為主委羅家倫之副
手，並為國民黨中央第七至九屆中央評議委員。黨史史
料編纂委員會副主任委員一職可謂閒缺，加以立法委員
之收入，生活大抵無虞，然因家人皆不在身邊，家無
定居，食無定所。[6] 或因他在臺孤身一人，經常出外遊
覽，對於同鄉活動參與頗多，對後進照顧亦深。1955
年 6 月中，因糖尿病引發眼底視網膜血管破裂，左眼失
明，目力漸衰，以單一目視，書寫行斜字歪。[7] 狄膺入
臺北廣州街中心診所診治，後送至聯勤醫院，醫師吳靜
稱他有六病，一齒、二腰、三糖尿、四慢性膽囊炎、五
眼翳障、六機能性腦血管痙攣，身體狀況惡劣，這使得
他在 1955 年 4 月至 6 月及 1955 年 7 月至 9 月兩冊日
記的封面，特別寫上了「病」字。[8] 身體漸弱後，他鮮
少應允外界題字的請託，然于右任於 1958 年在臺北復

6 〈狄膺先生事略〉，國史館編，《國史館現藏民國人物傳記史料
   彙編》，第 11 輯（臺北：國史館，1994），頁 137-138。

7 狄膺，〈除夕歲前短語〉，狄君武先生遺稿整編小組編，《狄君武
   先生遺稿》，頁 84；狄膺，〈學書自敘〉，狄君武先生遺稿整編
   小組編，《狄君武先生遺稿》，頁 87。

8 狄膺，《達思齋日記》，1955 年 6 月 29 日，《狄膺檔案》，中國
   國民黨黨史館藏，檔號：膺 1317.25。

辦粥會，該會以「閒話家常，笑談古今」為宗旨，洽合先生寓於詩文的雅緻，故積極參與，並於次年粥會欲置辦會所時，勉力提筆，鬻字贊助，協助集資。[9]

先生晚年困於糖尿病，身體欠佳，不僅視力受損，且患有慢性腹瀉，1962 年清明節前遊歷新竹，返家發現右肢麻木，口不能言，驚覺中風，送榮民總醫院緊急救治，而後時臥病榻，至 1964 年 3 月 15 日因感染肺炎辭世，享年七十歲。[10] 狄膺過世後，因無家人在臺，全由國民黨中央協助照料後事並舉辦公祭，出席者二千餘人，同年 6 月 28 日，葬於新竹市青草湖畔靈隱寺旁自擇墓地。限於兩岸政治分隔，狄膺墓地由姪女一家維護，狄膺直系子孫直到兩岸和緩後，才獲准赴臺祭掃。

二、《狄膺日記》的來由

狄膺生前最終黨職為黨史會副主委，因他的直系親屬都滯留大陸，其後事全由黨部同仁操辦，在兩岸敵對的大環境下，狄膺身後遺留的財產與負債僅能由中央黨部代為處理。為此，黨部特別組織狄膺先生遺物委員會，由時任交通部政務次長的張壽賢為主席，除邀請黨部相關單位派員參與之外，亦邀請姪女婿施文耀為家屬代表出席。委員會決定狄膺遺產中，收支絀餘扣除應納稅款以及親友積欠後賸下近二萬二千元新臺幣移作治喪費用，豁免狄膺積欠黨部與黨史會的近五萬元，協助出

9　〈重建粥會聚會所　狄膺鬻字籌款〉，《中央日報》，1959 年 9 月27 日，第五版。

10　杜負翁，〈悼狄膺〉，《中央日報》，1964 年 3 月 19 日，第六版。

售金華街房產之剩餘部分填入治喪款中，鋼筆、輓聯及私人用具交施文耀收存，另密函狄夫人報喪，並收得狄夫人回函。[11] 中央公教人員保險金的出險部分，匯存香港上海銀行，以狄夫人名義存入，曾成功匯撥一筆三百港幣進入大陸。或因大陸當時政治氣氛影響，後狄夫人來信關切出售房產之剩餘，並告以暫緩匯款。[12] 依照委員會決議，實體文物由黨史會史庫收存，納為館藏，包括狄膺之日記、家譜、賬本、金石、相簿、文件、圖書等。在狄膺先生遺物委員會的紀錄中，雖稱接獲狄夫人來函，但文件中未見存檔，然從狄夫人曉得狄膺之房產處置以及保險金收取等事推斷，委員會之決議狄夫人理應知情，而委員會中亦有姪女婿代表家屬發言，對於委員會的決定也應知曉。大陸歷經多次政治運動與文化大革命的動盪，狄家因狄膺為國民黨高級幹部，也多受牽連。狄夫人於 1978 年辭世。狄原滄、原溟二子，自從兩岸開放之後，才得赴臺祭掃，並多次去函國民黨表達取回狄氏家譜，以及部分私人物品、照片、金石的願望，然皆未果。

　　筆者自 2012 年 10 月接任中國國民黨文傳會黨史館主任，在史料庫房搬遷完竣之後，恢復資料開放，也將

---

11 「狄君武先生遺物處理委員會第一次會議」（1964 年 4 月 21 日），《狄膺檔案》，中國國民黨黨史館藏，檔號：膺 685-2；「狄君武先生遺物處理委員會第五次會議」（1964 年 9 月 11 日），《狄膺檔案》，中國國民黨黨史館藏，檔號：膺 685-6。

12 「狄君武先生遺物處理委員會第四次會議」（1964 年 9 月 11 日），《狄膺檔案》，中國國民黨黨史館藏，檔號：膺 685-5；「狄君武先生遺物處理委員會第五次會議」（1964 年 11 月 14 日），《狄膺檔案》，中國國民黨黨史館藏，檔號：膺 685-6。

《狄膺日記》列上開放時程。狄家後人於 2015 年 5 月，
一方面透過狄原溟之女狄蘭來函，一方面透過姪女狄源
湛之子施銘成、施銘賢親訪，再度表達希望黨部歸還家
譜的願望，經轉陳文傳會主委林奕華，再續報祕書長李
四川同意後，於該年 6 月 2 日將家譜、戶口名簿、病
歷、部分私人照片及印鑑等奉還家屬代表狄蘭查收。黨
史館復藉此機會取得家屬同意，在館內開放《狄膺日
記》及其賬本。因為此番結緣，2020 年時也獲得家屬
同意與授權，藉由民國文化學社協助，將《狄膺日記》
鍵錄出版，俾利學界研究利用，深謝家屬慨允與學社的
支持，歷經三年時間的整理，共得百萬餘字的日記，分
批出版。

三、《狄膺日記》的價值

狄膺向有做紀錄的習慣，主要有兩類，一是賬本，
一是日記。前者始自 1933 年，終於 1962 年 3 月的《不
宜悉記，不可不記》，共十二冊。狄膺記賬始於上龍門
師範學堂一年級時，當時一個月僅得十元，必須記賬
撙節，而自記賬本取名有其思路，他說「不宜悉記者，
記賬時偶忘之，不苦加思索，施不則償，不必誌其姓
氏；不可不記者，人之厚我，我所欠人，何可一日忘之
者是也。」[13] 雖說是不宜悉記，但賬本內容鉅細靡遺，
舉凡各項收入、日常飯食、往來交際、生活採買、車船

---

13 狄膺，〈（七）〉（1944 年 9 月 1 日），狄君武先生遺稿整編小組編，
《狄君武先生遺稿》，頁 42。

交通、納款繳費，只要是錢款往來，幾乎無一不錄，由
是透過他的賬本，不僅能呈現出一部穿越抗戰、內戰及
至遷臺的社會史，也能是觀察貨幣與通澎的經濟史。後
者為始自 1950 年 1 月，終於 1960 年 12 月的《邃思齋
日記》，共四十七冊，主要集中在遷臺之後的記述。狄
膺寫日記，開始得很早，從他八歲開始便就有不全的日
記，十四歲起陸續成冊，自題為《雁月樓日記》。結婚
之後，仍有撰寫日記的習慣，但因將同太太爭執的細節
也寫進日記，惹得太太不高興抗議，才不再寫。留法期
間曾做記事，返國後因任職中央政治會議祕書，擔心一
不小心洩漏機密，暫停日記，直到遷移來臺之後，才復
記日記。[14] 日記的內容一如賬簿一般瑣碎，除了流水賬
式的記事之外，也將友人的聯繫方式、往來信函、時事
感言、故事雜記、奇聞軼事散記其中，甚至連吃飯的
桌次、菜譜都不漏。一日之記事最多能達數頁，舉凡
天氣、路況、心情、談話與路徑都能寫入，間或夾雜
1950 年之前的追記與回憶，可說無所不包。

　　對於書寫來說，瑣碎是一項缺點，但對於史料價值
而言，瑣碎有時反而留存了更多資訊。或因狄膺在臺灣
大多時間自甘平淡，對於官場、權勢、財富都沒有強烈
慾望，家人多不在身邊也少了些許煩惱，有了大把時間
可以記事，將走訪各地的見聞，與朋友、同鄉、粥會的
往來，化為文字，搭配上羅家倫為其編輯出版的《狄君

---

14 狄膺，〈邃思齋日記序〉，狄君武先生遺稿整編小組編，《狄君武
　　先生遺稿》，頁 88。

武先生遺稿》很能作為政府遷臺初期日常生活史、社會
經濟史、飲食文化史的素材，對於了解外省族群來臺後
的情況也能有所管窺。於目前史學界流行的戰後離散史
之研究提供絕佳資料。只可惜狄膺來臺之前的日記與圖
書，因戰亂關係，已經全數佚失，現僅存來臺之後的部
分，之前的相關內容完全闕如，不無遺憾。

四、結語

　　狄膺自號「平常老人」，寓意為「一個普通的年邁
者」，然而這個孤身來台的普通人，雖能藉著參與北大
校友會、蘇松太同鄉聯誼會，以及台北粥會的機會，與
友朋交遊，到各處就餐，或是前往姪女處走動，但總還
是常念及滯留大陸的妻小，有時還會悲從中來。1951 年
1 月 2 日元旦假期期間，自記：「今晨在動物園見母猴
偎乳其獼，為之捉蚤，親愛之極，無可比方。頓念先慈
恩愛，又惜二兒長違，心痛淚流，難以解釋。」[15] 這份
「難以解釋」，除了對家鄉和孩子的思念之外，也是深
知兩兒滯留大陸且與自己立場不同，終是難以再見的悲
苦，只能暗自淚眼婆娑，不足為外人道也。相似的心
緒，偶而也會在他心中浮起，他左眼失明後的第一個除
夕夜裡，自記道：「余過除夕，不能不憶家鄉，又不能
不憶已過之穎姊、祝妹、受祥，遠離之公望、寧馨。余
孑然一身，中心起伏萬狀，遇節更悲，非他人所可體

---

15 狄膺，《邃思齋日記》，1951 年 1 月 2 日，《狄膺檔案》，中國
　　國民黨黨史館藏，檔號：膺 1317.3。

會也。」[16] 這位普通老人的心情，在大時代洪流的衝撞下，也有他難以言喻的一面。

　　史料為公器，資料公開能使過去撥雲見日。黨史館所藏《狄膺日記》在家屬的支持下，不刪改任何一字，不遮掩任何一段，全部判讀後鍵錄出版，是一份新史料的公布，也是一份新素材的揭露，吾人能透過狄膺手書的紀錄，回過頭去看看 1950 年代臺灣社會的種種，無論是採取個人史的微觀，或是將狄膺所記作為取材的一項，都頗具價值。

---

16 狄膺，《遼思齋日記》，1956 年 2 月 11 日，《狄膺檔案》，中國
　國民黨黨史館藏，檔號：膺 1317.28。

民國史百寶箱：
《狄膺日記》與我

劉維開
國立政治大學歷史學系退休教授

　　民國歷史文化學社要出版前中國國民黨黨史史料編
纂委員會副主任委員狄膺遺存的日記，編輯們由日記中
知道狄膺生前與先父劉象山多有往來，要我對日記的出
版寫一些話。

　　狄膺過世的時候，我年紀還小，不確定在他生前有
沒有見過，但是在他過世後，印象中有一年，先父母帶
著我和妹妹專程到新竹青草湖拜謁狄膺墓，父親在墓前
說「給狄公公行禮」，帶領我們恭敬的行三鞠躬禮。
狄膺過世後，他的資料保存在黨史會，我到黨史會工作
後，偶有機會與管理史料的阮繼光先生談話，他不止一
次的對我說：「狄膺檔案中有不少你父親的資料」，但
是我當時沒有想到要看這些資料，現在感到有些後悔。
當時如果調出日記查閱，對於日記中提到的一些人事，
可以詢問先父母，現在則沒有辦法。

　　先父早年從事黨務工作，與狄膺應該有一些見面的
場合，但是據先父自述，兩人交往是在 1945 年中國國
民黨舉行第六次全國代表大會。當時狄膺是中央黨部副

祕書長，先父是黨部專門委員，調派到狄膺的辦公室工作，擔任大會祕書。兩人均喜好詩文，且有共同熟識的友人，來往逐漸密切。先父留存一本大陸時期的詩稿，其中有多首與狄膺有關的詩作，時間大概在 1945 年左右。此後兩人時有詩作酬和，狄膺有時不欲將父親詩作再錄於日記上，要他直接書寫於日記上，我在日記中見到兩處父親的筆跡。

先父於 1949 年離開北平後，一路輾轉到臺灣，再到香港，爾後接受狄膺建議，至海南島任職，之後再到臺灣。這段經過，《狄膺日記》中記事和先父的回憶大致相同，看到 4 月 4 日記有「下午覆劉象山、陳幹興、孔鑄禹書」，孔鑄禹、陳幹興（本）是先父在海南任職時結識的好友。孔鑄禹伯伯幾乎每年會來臺灣參加十月慶典活動，他的兩個孩子在臺灣接受大學教育，常到家裡，和我們的關係如同家人；陳幹興則是每隔一段時間會和父親通信，我印象最深的是他寄來的一件孫中山手書「燕歌行」影本，父親特地將它裝框掛在牆上。孔、陳兩位應該是狄膺居留廣州期間，往來香港、海南時所結識，他曾經介紹孔鑄禹為海口中央日報黨股代表人，與陳幹興（本）則是時有詩作往來。

狄膺在中國國民黨六全大會後改任中央監察委員會祕書長，行憲後當選第一屆立法委員，這兩個職務使他在 1949 年大多數的時間跟著中央黨部與立法院移動。2 月初，中央黨部與行政院相繼遷廣州辦公，大部分的立法委員也都到了廣州。狄膺於 1 月底從南京到上海，2 月 5 日搭乘海平輪，於 9 日抵達廣州；10 月 12 日，

由廣州搭機隨中央黨部及政府遷重慶辦公；11 月 29 日因重慶情勢危急，飛抵成都；12 月 5 日，成都危急，搭機至海口，30 日自海口飛新竹，31 日抵臺北，暫住其姪女原湛與姪女婿施文耀寓所，後得臺灣鐵路管理局（簡稱「鐵路局」）局長莫衡（葵卿）同意，居住在臺北市西寧北路 6 號鐵路招待所相當一段時間。對於這段經歷，他在《不宜悉記不可不記》賬冊中，有詳細的記錄。

狄膺來臺初期，需要處理中央監察委員會事務，同時出席立法院相關會議，事務較為繁忙；中國國民黨改造後，中央監察委員會結束，改任紀律委員會副主任委員，除了參加黨內總理紀念週等活動外，主要是出席立法院相關會議。閒瑕時間則是探親訪友、定期參加崑曲聚會，以及和友人打麻將。他常在早年曾服務於交通界的錢探斗，以及當時任鐵路局材料處處長王世勛（為俊）兩人的家中打麻將，輸贏都記在《不宜悉記不可不記》賬冊中。

王、錢兩位都是我的長輩，王世勛與日記中所記郁佩芳是夫妻，亦是先母的寄爹、寄媽，我稱他們為外公、外婆；錢探斗是先母乾媽錢馨斯的兄弟，張藕兮是他的妻子，我稱他們為錢公公、錢婆婆。王、錢兩家住的很近，王世勛家在長安東路二段、中山女高對面；錢探斗家在建國北路一段三十三巷；長安東路和建國北路成垂直狀，印象中兩家的房子就是背靠背。王世勛的籍貫是福建林森，但是出生在蘇州，實際上是蘇州人；錢探斗是太倉人，和狄膺是同鄉。在日記中還有一位在王

世勛家打牌的友人陳敏，我稱她為陳婆婆，在行政院新
聞局工作，和先母的關係很好，隔一段時間會到家裡找
先母聊天。在 1954 年 2 月的日記中，有一段記道：
「張毓貞、丁淑貞、侯佩尹、顏叔養均來，同張、侯到
梅龍鎮吃包子。」當日的賬本上有：「付張毓貞同食點
二十元。」張毓貞即是先母，我之前以為先母認識狄
膺，是因為先父的關係，但是這個時候先父母還沒有結
婚，看到日記這些記事，或許與王、錢兩家有關。

　　狄膺的交遊廣闊，友人甚多，加上博聞強記，日記
中除了每天的活動記事外，還包括許多所聽聞的歷史掌
故、人物軼事，如鈕永建自述參加革命經過、吳鐵城自
述訪日與麥克阿瑟談話要點、張知本談政學會與政學
系、周佩箴談浙江革命黨事等等，每一段都是民國史上
重要的資料。張靜江病逝後，狄膺將所聽聞張氏生平軼
事、易簀前情形以及張氏譜系等通通記在日記上，可以
說是張靜江重要傳記資料。對於自己所經歷事，如中國
國民黨中央改造委員會成立後，中央監察委員會辦理結
束，他身為祕書長負責移交，在日記中將移交的過程，
特別是款項的交接，記錄得十分詳細。又如他早年曾響
應吳稚暉勤工儉學號召，赴法國留學，因此尊敬吳稚暉
為師，不時前往探望，日記中記錄了吳氏的晚年身影，
其中也包括蔣中正與蔣經國對吳稚暉的照顧。除此之
外，狄膺定期參加徐炎之、張善薌夫妻召集的崑曲聚
會，日記中有不少聚會時的記事，包括參加者以及表演
的內容等，可以說是崑曲在臺灣發展的重要資料。

　　狄膺逝世後，黨史會將他的詩文彙集成《狄君武先

生遺稿》，並將其《不宜悉記不可不記》賬冊中歲首年尾之感懷記事，摘錄收錄其中，內容亦頗為可觀，且因其始於 1938 年，可以與日記相互參看，補充其家世及早年記事之不足。整體而言，《狄膺日記》內容相當豐富，有時會覺得瑣碎，但是仔細閱讀，可以發現其中有不少值得參考的資料，視之為民國史資料的百寶箱，當亦不為過。

編輯説明

一、本書收錄狄膺 1947-1949 年間之日記。其性質界乎
　　筆記與雜錄，主要記親朋交誼之通訊資料，間錄遊
　　記、報紙、書籍內容等。為保留日記原貌，除少
　　數確記錄事時間者按時間編排，其餘將不予更動
　　順序。

二、古字、罕用字、簡字、通同字，在不影響文意下，
　　改以現行字標示。

三、日記中原留空白處，以□表示，難以辨識字體或
　　破損處，以■表示，編註以【 】標示。

四、作者於書寫時，人名、地名等時用同音異字、近
　　音字，落筆敘事，更可能有魯魚亥豕之失，為存其
　　真，恕不一一標註、修改。

目錄

1947 年

三十六年三月廿三日記

陳乃謙，杭州雲棲青年中學，杭州中山北路耶穌堂弄九
　　　　號何宅轉，浙江義烏縣西門景誼路十四號。

陳富洪，南京公共汽車管理處機務課。

劉舫西、蔡炳彤，中山路吉兆營六十號。女劍英，三月
　　　　三十日結婚。

雷沔，重慶沙坪壩第二號信箱。

高金永，丹陽丹陽紗廠中建工程處。

吳鐵城，上海華山路四六四號望廬。

施振華，四川成都西城根街五十四號，空軍通信學校飛
　　　　行官生補習班第一隊。

郭秉文，天津第十區保定道六十五號天津鍊鋼廠。

郭慶元，菲律濱怡朗中山中學。

李兆瀛，上海北站管理局運務處客貨稽查。

俞友清，揚州中國農民銀行。子俞增光，求介紹。

張劍維，江南公司調派股。

唐文光，崑山夏駕橋吳錦華。

尹寶君，松江老縣政府東首。

狄膺，黨證二十一號，屬南京市第十七區第五區分部，
　　　　原在立法院第六十四區黨部。

中委狄君武氏退出新太倉社

〔本報訊〕中委狄君武先生，為本縣闔邑人士共同所信

仰與愛戴，茲為不願參加任何小組織，業經證實已退出
新太倉社云。

方君璧，上海安亭路（國富門路）81 弄 19 號，79224。

蒲柳，中華門外雨花路羊巷三號。

羅琳，字堅白，幼字雲卿，在璜涇豐茂典習業，常熟會
　　　元坊十八號。

李民初，河南鄭州花園口堵口復堤工程局總務處。

倪克定，南京江海銀行被裁（李民初囑為謀事）。

張國燾（光坦），上海四川北路多倫路燕山別墅十二號。

狄璉（家琦），南京鼓樓四條巷三號之一。

狄裕芝，蘇司前街三十八號南所十一號。

夏敬民，廣州路六十九號。

徐闓瑞，大石橋六十六號之二（荷葉巷內）。

吳元豪，上海圓明園路八號三樓，中央信託局購料處。

狄漢清，溧陽戴埠義隆泰號，福壽堂國藥號。女慧蓮，
　　　在鎮江中學先修班。

汪嶽雲，南京天山路一二七號。

凌超士，上海安東路廿二號工務局第五區局。

朱育參，台灣基隆市港務局大廈二樓，台灣航業公司。

彭國彥，蘇州南丁家巷廿五號。

向世南，漢口六合路第二區公路特別黨部。

周嘉茂，鼓樓淵聲巷四號之二。

丁寄石，紹成介紹。

顧浩（震明），顧鴻之弟，求為江南公司職員。

郭文珊，女，徐闓瑞介紹到考核處工作。

黃小堂，大石壩街二十九號，門西毛家灣二十四號。

薛惠康，上海閔行鎮上海縣立中學。

周夢飛，南京八中央路厚載巷二十四號唐敬杲轉。

趙光祀，成都華西後壩小學路一百號（趙黃慎儀）。

狄勛，字光國，青島寧海路十六號交通公司。

中國留法比瑞同學會，南京北平路四十八號。

居兆祥，杭州武林門外第一運輸處修車廠。

林佛性，一、樂清葉書記長際宣轉，二、樂清縣政府
　　　　陳縣長志明轉。

錢文炳（李柳），上海閘北永業新村六十號。

浦仲敏，南通縣警察局外事科長。

李劍虹，本京玉帶巷七號。

黃歸雲，瓊州海口得勝路七十三號。

魯彥（宏如），開封城隍廟街黃河水利工程總局，電報
　　　　掛號三一〇九。

劉大悲，北京東長安街一號，天津濱江道二百一十號，
　　　　農林部河北墾業農場。

孫九錄，上海（9）西蘇州路四十號天祥實業公司，南
　　　　京挹江門內花家橋九號。

薛正生，鼓樓頭條巷七之二號竹籬笆內。

吳靜章，漢口雲樵路三十一號。南京中央日報，代表
　　　　陸百肆拾股，每股壹萬元。上海中央日報，
　　　　代表二千一百股，每股壹萬元。

錢清玉，叔恒女，年廿餘歲，畢業於太倉女中（求車
　　　站事）。
顧鴻，太倉毛家市。
俞大光，太倉岳王市，簡師畢業（希如孫）。
陸濤，重慶公園路八號青年大廈，資源委員會川黔各電
　　　廠重慶聯合辦事處。
王彥存，天津曲阜道七十六號。
施振華，杭州偉字第廿一號郵政信箱附十號。
狄吉人，疎經弟二子，中大附中高二。
狄勤敏，同濟初中畢業，欲入高中。
金榮章，三牌樓將軍廟三十七號，公路總局第一公路
　　　工程管理局南京材料庫主任。
方甘，上海徐家匯路廿三號，惠中中學，Liu Hok
　　　Grace Hospital。
張忠紱，Chinese Delegation to the United Nations, Empire
　　　State Building, 350 Fifth Avenue, New York, New
　　　York。
狄宗楷，遼寧錦州局黑山縣大虎山工務段。
陳慶濤證明，留日學生甄審保證（琢之託）。
張篤倫，字伯常。
周焱，字銘琪。
閔煜銘（毛坤），其女肖鵬，嘉陵村 D 區 10 號樓下。
崑山北門外任陽鎮，龔桂卿。
畫三牌樓當驗契稅款，四十六萬五千五百元。
六月廿三日茹素。
汪殿華在清華教書。

中國留法比瑞同學會總會第七屆理監事一覽表

理事三十一名

毛慶祥	羅至剛	彭學沛	張道藩	黃一美	謝冠生
褚一飛	王孟鄰	曹師昂	汪日章	徐之海	張屬生
樓桐蓀	王世杰	翁文灝	馬志振	魏道明	周鳳九
王寵惠	鄭彥棻	任卓宣	陳雄飛	黃其弨	陳榮生
李 璜	劉文島	彭 烈	于 斌	吳 炎	陳仁耀
謝瀛洲					

監事九名

吳稚暉	李石曾	張 繼	狄 膺	李書華	鄒 魯
鄭毓秀	陳士廉	陳耀東			

唐忍庵，鎮江王通事巷青年館，電話五十一號。

陳文達，民生堂，在山婿。

姜和，漢中國立第七中學（教學與救濟不可混為一談）。

蔣瑞榮，成都四川省政府民政廳祕書。

俞劍硎，上海華龍路 162 號。

陳布雷，牯嶺脂紅路六號。

寧兒八月四日下午信

七月三十一日晚，兒生日，月色極好，煮紅燒肉雞蛋一
鍋、麵二斤，請十四中同學汪聲裕、張津圻、楊光啟、
胡約翰、陳培榮、李松濤，在清華氣象台之下聚歡。

俞成鏌，上海成都路武昌里九號沈宅轉。

葉寔之，碑亭巷板橋新村一號，電話辦公二二五〇五，
　　　　住宅二四二七六。

汪養然，下關商埠街慶康里四號。

王鍾麒（益崖），常熟縣南街常熟縣銀行。

陸並謙，上海順昌路 612 弄 14 號。

柏心貞，烈武先生女，適吳宗偉，中央路觀音巷江南
　　　　汽車公司對面莉峨新村三號。

鄧開驥（驤臣），小砂珠巷十四號。

張閬聲。

張梵龍。

沈兆奎。

郭本昌。

鄧昌周。

汪掄一，崑山人，住縣東街。

　子盛世。

　　盛年，二十六年中央大學化學系畢業，任化學系助
　　教。一九三九（二十八年）錄取中英庚款理科化學
　　門，任職於昆明中央研究院化學研究所。一九四二
　　年得加拿大麥基爾大學研究院博士。轉入加省理
　　工大學化學實驗室研究。一九四三夏入美國卡乃基
　　理工大學所屬研究所為研究員。一九四五年十一月
　　任航空工業局工程師，在美國特地律城實習研究。
　　一九四七年三月初返國，六月二日離京。三十六年
　　六月十九日在瀋陽自殺，即一九四七年。

　　盛典。

　　盛名。

于景讓，崑山正義人，十五年蘇農畢業，升帝大專攻細
　　　　胞學、生化學，台灣大學教授。

陳伯荃，杭州鬥富一橋西河下十號。子祖泓、祖澐、
　　　　祖潘、圻。孫恩培、恩文。

狄庭俊，溧陽西門碼頭街黃義興號轉。

蔣英，Ying TSIANG，崑山人，研究植物學，曾往台
　　　　灣考察，世界植物學會中國分會會長，國立中山
　　　　大學教授，專攻植物分類學，兼研究所主任。

陳克和，吳縣警察局，子鏡之學生。

蘇邨圃，南昌復古巷象山別墅，參加豫章區競選立法
　　　　委員。

張夏氏，奔牛滕村尚書亭對門。

張仰高（昂千），嘉定人，臺灣嘉義市政府，上海麥根路
　　　　永平里二十二號。

王振燕，黃懺華介紹，上海路二十三號。

俞大光，太倉岳王鎮楊家弄東。

顧品球，顧大澂弟。

錢王倬，上海中州路一〇二號，上海商學院。

王契華，上海中正中路國民里八號。

曹菊生，常熟新巷四號。

自三十五年至三十六年三月

徐戟門，太倉中和西路七十四號。

胡寬明，下關福慶餐室。

錢文炳，上海虬江路口交通路三號，上海四川北路八六
　　　　二號，汽車器材總庫上海辦事處，電報掛號二
　　　　一八四。

張鵬才，上海市政府總務處，北四川路海寧路三百號。

楊祖述，北平軍調部及戰地服務團。

楊時傑，白下路一百五十九號，農行總管理處。

朱育參，北平西苑，中央幹部學校。

都豪耕，鼓樓傅厚崗三十一號，農林部中華水產公司南
　　　　京辦事處，三二九〇三，常州火車站新豐街恒
　　　　泰石灰行。陳飲和住此處。

勞君展，女子師範學院，英文系主任俞大縝（大維
　　　　之妹）。

趙太侔，青島國立山東大學校長。

皮作瓊，大石橋十五號。

陳德新，重慶江北撐唇街二十號。

丁昌勳，竹銘，章練塘大新棉布廠。

王澄，寧海路三十四號導淮委員會。六月十三日到京。

許卓，棺託合記運輸號木船，五月廿五日過重慶，包
　　　運二十四萬元，歌樂山至重慶十萬元，土工雜費
　　　一萬九千元。

徐思防，南陽橋裕福里十五號，王朋三家亭子間。

朱經千，高橋中心國民學校（希望任校長），浦東高
　　　　橋南杜祠東陸家灣兜。

張琦戎，璧山人，父仲平，重慶棉商，高橋鎮胡家弄十
　　　　九號，車三〇二〇九，接替者為陳志欽。

常宗會，頤和路貳號（已他遷）。

韋瓊瑩，蘇演存妻，上海常德路餘姚路口市立中心國民
　　　　小學（原赫德路小學）。

虞順慰，上海廣東路九十三號，三北輪船公司，○○○
　　　　五電報掛號。

鄒訓，鎮江江蘇省農林改進委員會。

邱平，忠縣人，鄒訓妻，復旦大學卒業。

齊登萊、林星平，福州中南旅運社，五月二十日到福州。

張鵬才，海寧路三百號，或上海市政府總務處。

沈浩，沅甫婿，江南醫院護士學校畢業。

錢晉圭，四川合川濮湖國立二中。

劉大悲，湖北建設廳譚廳長轉金水農場。

吳琢之，南京中央路五九九號，江南汽車公司。

鄭質（秉珊），鄭鎔異母弟，中學教育，黃泥崗三十九
　　　　號，妻及子女五人。

華炳南，銅仁人，鄭沛疇婿。

錢履仁，鼓樓二條巷二號之一。

郁昌煜，下關惠民橋，北貨行，周□□君同住。

郭永明，蘇州。

張軼俦，寧中里四十四號。

陸長恩，北四川路 912 號（海寧路口）二樓 364 號。

鄭用之，上海薩坡賽路 232 號。

譚鎮黃，珠江路二五七號醬園內。

孫雲疇，丹鳳街大石橋六十六號之一。

葉寶琨，糖坊橋青石街十五號之四。

宋繼元，上海吉祥街 39 號長榮春。

鮑光祖，上海司高塔路千愛里 23 號，福州路 120 號善
　　　　後總署。

邱濟群，鼓樓金陵大學內臨大補習班，郝綸同住。

楊公達，傅厚崗郭有守宅。

吳遵明，北平王府井大街八號。

復曾之岳母，夏母袁太夫人，八十。

徐闉瑞，鼓樓四條巷一號之三。

陳伯平，上海江西路三七一號宏豐公司駐滬辦事處。

陸一均，蚌埠正平街清真小學，請濟南陳舜耕局長切託
　　　　徐州工務處長朱咸賓（字石農）。

宋子文黨籍，特字第二二六號。

余芷江，上海建國西路三二七俶六號仁廬。子余振雄，
　　　　媳周劍秋。

錢貴誠，重慶第三十四號信箱。

余以宜，二十三歲，太平路太平巷三十二號，天民之姪
　　　　孫女。

李國全，上海華龍路八十號中華職業教育社。

陳覺玄，陰陽營二十三號。

黃建中，國民參政會，國府路三五五號。

許行成（羣思），南京豐富路南台巷十號，二二七二一，
　　　　　　漢口路陶谷新村三號。

俞世懷，國民大會籌備處丁瑞全轉。

楊受之，上海永嘉路六十號（亞爾培路口），太倉城內
　　　　南牌樓克記車行（七月十六之後）。求魚市場
　　　　及中華書局南京分局事。

狄倬人，無錫西門棉花巷四十二號。

狄九如，蘇州濂溪坊二十一號。

凌錢懿如，直塘鎮凌隆昇號，錢耀章（文煥）之女。

狄璉，字天山，已返溧陽。

王守義（戀生），門西上浮橋五間廳十五號，大石壩街
　　　　　　　　二十四號。十一月二十六日，子起新
　　　　　　　　娶陳景異子仲戀。

卜青茂（蔚然），天津民國日報社長。

陳乾元，陳禹功長子，糧食。

李師廣，安樂酒店 231 號。

張元輝，丹陽雙井巷四十號。

李賓王。

印德明。

江毓麟（竹虛），監察院祕書。

伯父命書聯

掃地焚香清福已具，布衣淡飯樂天不憂。

震弟輓蔣載之

辛苦一生，艱勤創業，

方斯蔗境回甘，詎料沉疴難續命；

慚居半子，定省欠缺，

每念雲泥覆載，欲圖報德竟無時。

龔陳韻華，璜涇蔣天茂號收轉。

謝秉全，新閘路（新閘橋）鑄范新里六號，■…■。

楊漱霞，上海泰興路七二弄一號。

趙昕初，峨嵋路、天山路北極山村九號。

余在麟（玉樞），南京中國實業銀行副經理。

徐新源（仲川），南京中國實業銀行副經理。

鄒楚卿，崑山站長，吳江人。

高俊良，嘉興人，吳江人。

金德華，江蘇常熟西倉前，常熟旱北門大街四十五號。

傅志章，南京鼓樓石婆婆巷十四號。

吳大均，雙龍巷九號。

倪兼涵，申新紡織公司，熱河路二二七號。

伉鐵佩，錢增棋妻，太平路文昌巷文壽里四號。

武海樓，經濟部企業司張榮堯先生轉。

李次溫，天潼路三百四十號二樓。

盛鼎和，中華路九七號，電話二二四七五，江蘇銀行，
　　　　電話二二一七八。

張成，大板巷六十四號，張治先幼子。

雷殷，三牌樓模範馬路 99 號。

顧惕僧先生，成賢街晒布廠二十五號。

魯宏如，開封新民南街三十號，電話五一〇號。

周尚，國府車站僑務委員會。

殷良士、邱靜之，太倉崑山旅社，正籌備商鐸報社。

鄭丁毓瑛、鄭家璦，上海愚園路愚谷村九十八號。

張葉舟，崑山南街十八號，上海四川北路新鄉路一號，
　　　　正中書局滬辦事處。

朱武成，太倉縣警察局長。

錢輝麐（履仁），鼓樓三條巷三之二號。

貢九成，董溥銘介紹可為校長，門東周處台。

勞君展，上清寺特園二十號，重慶九龍坡國立女子師範
　　　　學院。

王季諾，自葫蘆島大連區物資儲運局，乞調江南（王金鰲來信）。

張震福，錢幣司科長。

劉卓吾，寧海路培德里十號。

帥潤身，洪武路武學園三十八號。

帥秀英，潤身女，上海愛多亞路重慶路新馬樂里 84 號。

徐振聲，普陀路四號，三三九五〇，上海戈登路新餘村五十二號。

陸長鑑，玄武門三十五號。

呂隱漁，溧陽西門碼頭永新布號轉交。

馬金榮，溧陽縣黨部委員，被害於新四軍。

張豐冑，上海第一八三四號信箱。

羅家祺，吉安人，十九歲。

錢新謀，太倉小月池二十九號。

張禮綱，江陰人，太倉縣縣長，曾任貴州德安、正安。

張弼臣，開封人，四十歲。十四年西北邊防陸軍學校步兵畢業，曾任璜涇公安局長。

周雲甫，小名掌，六十歲，太倉剪刀弄口周順昌。

陳健（懷琛），陳文子，名陳玟，託為謀事，已函蔣仲川，下關大馬路 20。

許新民，上海廣東路八十六號大連市府辦事處，杭州通江橋錢塘江海塘工程局。

丁達五，漢口北平路三十八號，安華鹽業公司。

謝景興，考試院會計主任，達五之甥。

狄吉人，初中畢業，尚待升學。

沈紀祥，上海虹口北四川路虹江路子祥里 30 號。託薦
　　　潘承懿女助教。

顏鶴鳴，已赴美國。

顧之球（序東），雁蕩路六十二號，私立華龍小學。

郭仲隗（硯生），住夫子廟環球旅館。

葉雨亭，紹興崧厦西烏樹庄阮同興號。

程寶榮，滇池路中孚大樓二〇七號，上海同順號。

何志翔，常熟忠勝巷二十三號。子名何少樸，年二十
　　　七，謀銀行或廠家。

林星平，長泰縣長，閩南。

齊登萊，泰寧縣長，閩北。

湯鼎華，上海市中心區上海陸軍醫院。

狄和之，蕪湖青年館。

朱瘦桐，上海徐家匯衡山路孝友里二十號。

王渭濱，武進路（老靶子路）五二四號，上海市工務局
　　　第一區管理處。

黃兆麐（瑞書），溫州交通銀行。

胡穎，字君倫，君弗堂弟。

施文宇、秦兆生（天甡謝蘭伯之子），泰興證券號。

張書維，在金城銀行。

王韡（棣懷），上海施高塔路積善里十七號，上海九江
　　　路六十九號蜀餘鹽業公司。妻王心裁，
　　　上海塘沽路 594 弄德興里 127 號。

龔瑛，上海巨福路三八一號。

陳乃謙，杭州馬市街卅一號邵宅，杭州皮市巷宗文中學
　　　劉校長轉，義烏景誼路 14 號。

陳光第，開封繡球胡同十五號，又開封黃河水利委員會
　　　　史主任佩璠轉。
余天民，江蘇路四十九號。
武海樓，無錫榮巷國立邊疆學校。
金榮章，無錫周山濱廣勤四支路舊門牌七十三號。
呂漢清，溧陽人，沛霖介紹謀事。
駱家駒，蘭州七區公路局總工程司室。

　　震弟七月十五日動身，夜宿西峽口。十六日潼南午
飯，一時過遂寧，四時半至射洪之太湖鎮。十七日九時
至三台，到綿陽候渡。十八日休息，十九日宿梓潼，二
十六晚到西安。八月二日等車到陝州，四日行六十里至
澠池。五日下午六時到新安縣，七日下午至洛陽。八日
自西站乘車至鄭州，九日早晨經過二等車邊，失足墜入
溝中，幾喪命，夜八時至開封。

盛振亞，文軒子，求事，蘇州富郎中巷八號。
廬山可遊之處：黃龍寺（轎）、含鄱口、鐵船峰、三疊
　　　　　　　泉、海會寺、朱子讀書處（轎）。
陳人壽，溧陽碼頭街大同旅館轉綢繆繭行。
孫家祺，太倉農民銀行經理。
安局長，請恢復營業處地位（戴銘增）。
林佛性，浙江樂清高陽林宅，上海二馬路 219 號四樓
　　　　徐士浩轉，永嘉公園路二號陳繼嚴君收轉。
馮福聲，磬聲弟，字允祥，估衣廊 102 號。

李又辛，上海馬浪路景益里南一號二樓，上海南市保安
　　　　路七十三號救濟分署僑胞第一臨時招待所。子
　　　　福鐘，擬報考中大，考試坐號五一八七。
胡敬修（譽威），漢口江漢路三三號漢鎮既濟水電公
　　　　　　司，電報掛號八二九四，將任上海證
　　　　　　券交易所副經理。
凌燕謀，太倉南門大街九十二號。
吳靜章，漢口雲樵路新門牌三十一號，漢口（七）勝利街
　　　　二二六號，平漢區鐵路局，電掛〇三三五二。
陸元浩，上海迪化南路 381 號。
王錦雲，上海平涼路二十五號第十八區公所。
顧福田，漢口中山大道一二〇九號金城銀行。
李兆瀛，石家莊鐵路局運輸處計核課。
王誠，天津河東錦衣衛橋街天津製革廠。
何之瑜，重慶市中正路五二八號慶湘磁號轉交。
周宗姬，溧陽私立光華中學。高潔請余任該校名譽董
　　　　事長。
金珊華，二師畢業，常熟縣中英文教員。
龐炳根，紹襄甸材子，大同大學電機系畢業，中央電台
　　　　助理工務員。
張誠一，江西路二百號金城銀行。
施福貞，馬元放回信無法延攬。
狄鎮昌、彭玉如、錢慶棠、張瑞芝，溧陽四生考空軍。
　　　　二十一日，三條巷六合里十號出榜，空軍第十
　　　　一招生辦事處。
陸健秋，溧陽中學校長。

戴令奐，虬江路民德路京滬管理局工務處設計股，電話
　　　02（虹口）- 61281（局機）- 18（分機）。施
　　　高塔路（山陰路）四達里八十二號謝樹森家。

謝吳曾若，江陰占文橋占文橋小學，澄八月二日返國。

劉大悲，武昌金口鎮金水農場，漢口黃陂路三八號省
　　　辦事處。

陶逸繁，上海九江路二百號中華旅運社，電報掛號一
　　　六〇五。

黃伯壎，廣州將軍西路泮園十號二樓。

新太倉，民九第一期迄民十三七十期止，民十六復刊
　　　版，民廿五復刊版。

許新民，杭州通江橋浙江省錢塘江海塘工程，電話一
　　　三四一。

狄源滄，上海區 3063。狄源溟，上海區 3064。

南國農，國立社會教育學院附屬中學校校長。

國立社會教育學院，蘇州拙政園。附屬師範，常熟石梅。

狄瑞芝，鎮師二年，擬轉溧陽高中普通科（沛霖託）。

狄炳章，光華一年，擬轉溧陽高中普通科。

郭仲儀，上海海寧路中行宿舍。

蔣振民，常熟縣後街青年日報。

凌紹祖，鎮江雙井路四十五號江蘇建報。

狄平之，上海楊樹浦路復興島海軍第一練兵營。

王傳昌，上海北京路四四四號，慶豐公司。

嚴立揚，常熟中學校長。

王季諾，葫蘆島行總大連局，上海市工務局材料股。

狄漢清，溧陽西門前街復泰豐煙店轉。

陸衣言，天津第一百赤峰道泰豐里四號。

袁克儉，太倉長春街四號。

黃葆麟，太倉縣善後救濟協會。

沈鍾泰（秀峰），子沈用中，國光中學高中畢業，璜涇
　　　　　　　　長慶堂藥號轉。

陳邦圻，上海襄陽南路 223 號周宅。

張立清，謀教員。

馮福聲，上海九畝地舊倉街裕德里三號。

江蘇建設協會臨時通詢處，上海四川中路215號407室，
上海南京路保安坊大生紡織公司。

王子弦，中央路厚載巷五十號。

狄建中，中大考號七四八六。狄勤培，七七七四。

　　芝生、倬人（二十二世），進堂、錫之（二十三世）。

狄曦（國光），常州埠頭山下橋。次兒十九歲，三兒
　　　　　　　十六歲。

台灣光復致敬團

林獻堂（台中）　　林叔恒（台南）　　李建興（台北）

葉榮鐘（台中）　　陳逸松（台北）

丘念台（台中，滄海子，祖籍焦嶺）

陳　炘（台北）　　陳宰衡（台中）　　林　憲（台東）

鐘　番（新竹）　　姜振驤（新竹）　　張吉甫（高雄）

林為恭（新竹）　　李德松（新竹，字勁節）

陳燮（理仁），蘇州鳳凰街八十二號。

洪鳴韶，光緒十三年十一月二十一日生，三十五年八月

三十一日卒，龍門卒業，任盛湖中學主席校
董。子洪、子彥，盛澤敦仁里十五號。

顧仲超，上海四川北路底復興中學，鄰近虹口公園。

鄭友菊。

衛序初，蘇州西善長巷六號。

錢頤圭，十八歲，小名阿汶，唐詞小姐之第二子。

武海樓，鐵湯池經濟部企業司張松年先生轉。

李福銁，太倉縣政府。

凌超士，上海安東路廿二號。子名林紹楨，太中卒業，
南京益豐紗廠。

吳松年，廣州上九路東興布廠。

楊菁蓀，上海滇池路中孚大樓 207 號。

唐效川，石禹弟，求作書束雲章，西安崇信路八十六
號，申新第四紗廠西安辦事處。

胡業崙，鄭良輔託致抱玄求事。

姜鵬飛，在哈爾濱為中共所殺。

錫弟，江西路一三八號。

任顯群，大方巷廣東新村二號。

柴福沅（芷湘），真茹暨大原址，交通部公路總局第一
機械築路工程總隊。

張昂千，嘉義市政府。

張裕良，上海四川中路二二三號，成大銀號上海分號。

陳紹由，重慶國府路二六七號。

丁高林，上海北四川路八五六號，社會部上海職業介
紹所。

許汝為，上海西摩路三百八十號。

王彥存，上海九江路二○二號美最時大樓四樓四○四
　　　　號恒昌號。

謝賡森，長沙黨部後街天台別墅「謝賡森君」。

狄顯卿，川西宜賓青年鄉。

孫裕中，二十一歲，女，考中大經濟系。孫揆西，熙文。

宋書同，上海新閘路三元坊第一三三二號。

施振華，成都外東大觀堰三號，廿七期飛行。先機械
　　　　實習三月，（二）通信訓練三月，明年一、
　　　　二月到杭州筧橋航校。

狄兆俊，徐州江蘇學校。

史榮安，分發北京大學。

顧國棠，廣西郵區會計股長。

狄福榮，溧陽西門碼頭街迎春茶社轉復胥泊。中山門
　　　　外孝陵衛政治大學公務員訓練部。

狄勤培，溧陽西門後街廣成醬園轉胥渚。

狄兆豐，溧陽振昌油廠。

陳浩年，鵬年第二弟。

徐守之，常熟沖天廟前宗子戴對門。

錢棣孫。

陳濟年，杭州淳佑橋東弄廿六號，浙江公路管理處。

陸孝政，朱雀路五十八號大陸襪衫廠。

楊錦昱，字恢亞，武昌市政籌備處，沈君平囑為介紹，
　　　　丁家橋馬家街國立藥學專門。

鄭州各界救災委員會。

凌燕謀，太倉南門大街九十二號。

牟敦忠，峨嵋路八號，牟敦福弟。

狄俊人，溧陽東大街振裕泰號轉棠下。

周家聲，國強中學茶房周興之子，岳王市北馮涇廟西，
　　　　上海法學院讀法律，又為律師幫辦，來報考
　　　　政治學校。

張邦傑（錫鈴），台灣省政治建設協會理事長，父為前
　　　　清舉人，上海市南昌路二四八，光華
　　　　眼科醫院，電話七五六三四，十月五
　　　　日京滬車上相會。

王鳴生，屏山人，常州城內第一綏靖區司令部。

朱啟甲，崑山菜葭濱仁忠初級中學校。

張丹如，兩浮支路適盧。

狄兆豐，二四歲，溧陽人，蘇州中學肄業，曾服務於
　　　　江南建業銀行。

沈菊人，武進縣農會蔣理事長轉。

繆清聲，憲兵司令部。

李頌夏，慈悲社七號。

樊平章，崇明花園弄樊仁靜堂。

馬季文（蒲圻），賀家佑姊丈，糧食部科長。

狄兆愷，台灣台北地方法院檢察處。

曹潤德，宜興人，姚開第妹婿。

常熟淑琴女子中學校，常熟白糧倉。

蒲柳，無錫學前街後方勤務總司令部駐日獨立第一兵站
　　　　支部第二分站。

許伯明，上海江西路江蘇銀行總經理。

楊健，溧陽人，航空站站長。

查石村，北京農民銀行總經理。

趙廷炳，中央大學校內大禮堂後平房 A 四號。

狄九如，徐州建國路三六九號長順蘇袋莊。先世河南衛
　　　　輝，因金宋交兵，始祖由河南遷濟寧，由濟寧
　　　　遷滕縣南古石村。元明交替時有一支由滕縣古
　　　　石遷至南京西南九十里居住者，又有一、二支
　　　　遷至浙江等處。

沈格非（淮安）、譚耀東（淮安）、費冠雲（女）、屠
雲會（淮安）、許履謙、邵味夷（淮安，邵子振女）、
范堯（寶應）、繆瑜、沈駕鰲九人入黨。邵子振（宣傳
部囑介紹）。

李耀琮，京滬路安亭郵局轉。

丁紹曾，雲甫長子，金陵大學農科畢業，四川綿陽稻
　　　　麥場技士，軍政部上海醬油廠技士。

孫呈震，北平外二區麻線胡同二十七號。

葉心符，上海市教育局中等教育處市校科科長。

金雪園，宗老爺巷文華村 97 號，文官處職員宿舍。

孔凡均，南京東路沙遜大廈上海國際電台。

查企錫，中正路國立江蘇醫學院。

張鴻濤，本市文華巷大楊村三號。

王銳，上海新大沽路 374 號。

狄菡（蓮溪），建設廳科員，鎮江，錫之介紹。

陳邦圻，北平西交民巷平漢路局機務處。

狄知白，上海廣西路六六號，上海市立格致中學。

徐兆魁，鎮江寶塔路農民銀行。

徐玉英，薩家灣五十一號范式之（錫蕃）。

徐思防，上海鳳陽路三〇二號，中央航空運輸公司，
　　　　電話三七七七二。

孫百英，北平東安門內大街二十五號，上海榆林路 802
　　　　號，病蟲害藥械製造廠，購彈簧剪。

孫芹池，上海長春路四一五號之一。

徐觀餘，勵志社新生活促進總會副總幹事，電話 23590。

何錦明（子祥），崑山徐公橋人，農林部督導專員兼課
　　　　　　　　長，蔡望之提拔，考取縣長。

戴祝萬、周蘇憲，溧陽人，國立政治大學，建鄴路。

王申祜，上海中央銀行，住石油公司，中飯在仁記路。

王學曾，三三九三四，外交部貨單科。

黃鑑，黃振民獨子。

伍灼羣，廣東龍川地方法院檢察官。

陸士諤，上海北京東路河南路口慶順里二三號，電報掛
　　　　號六九三四。

林立，中山北路 204 號鳳頤村。

顧義渠，謀事。

狄炳康，江西南昌國立醫學院，青年軍。

江立超，王志遠介紹，謀事。

王申祜，上海外灘二十四號中央銀行四樓工程科。

敖受義，上海江陵路 293 號大德醫院轉江西旅滬同鄉會
　　　　（問狄兆麟消息）。

戴景良，休寧萬安安徽省立休寧中學，屯溪陽和興華
　　　　製茶公司皖南辦事處。

夏光宇，金川門九號，34003。

朱育參，臺北市府中街二段十六號臺灣航業公司。

崑山後濱十號房債權人

夏仰高（代表陳萬興）

莫如松（代表孫守白）

徐元恭

毛人俊（代表毛唐汝、周太太、夏太太、吳太太）

毛人鳳

溧陽狄氏大宗祠　五十萬元　三十五年十月

狄敬愛堂　　　　二十萬元　三十五年十月

狄愛敬堂　　　　十萬元　十月二十二日

狄尚義堂　　　　十萬元

江東光，瀋陽和平區保定街一八號，遼寧省新生活促
　　　進會。

顧雁賓，成賢街文昌橋中大教職員宿舍南樓 309 號沈
　　　同洽轉。

倪品真，衡陽市南門外朱○○○，湖南私立新京中學。

唐效川，安陽中山中街甲字五六號，中紡鄭州辦市處
　　　安陽分處。

居兆祥，南昌陽明路二十七號，交通部第一運輸處南昌
　　　業務所，電報掛號南昌四一六一。求將內兄
　　　盛宗珍自桂林農行調京滬。

狄國光，佩華之父。

吳舜石，南京藍家莊二十二號，農業推廣委員會，電話
　　　二一五二一。

李婉若，瀋陽人，張天翼託向何思源薦事。

唐鴻烈，高樓門三十六號。

蒲柳，江陰中街三十四號。

朱萍秋，上海山陰路四達里 114 號，念慈學校。

何國雄，蚌埠九龍崗淮南煤礦中國銀行。

陳松年，上海江西路一百七十號漢彌爾登大廈四樓四〇
　　　　七室樹華公司，電話一七四一〇。

高順萬，上海海格路善鐘路底一七七號。

高君賓，上海鉅鹿路八二〇弄四十一號。

姚念祖，石子子，張堰姚敦仁堂。

白蕉，姓何。

王石粼，上海靜安寺吳江路（即斜橋弄）六十三號。

桂沃臣，中華門大膺福街一〇七號。

陳倚石，上海路公教三村戊 209 號。

常宗會，大豐富巷 107 號。

游德佑，上海中山北路大夏大學。

桂沃臣，中華門大膺府街一〇七號，老同人香店。

劉勁，湖南新田人，青浦縣長。

賀祖斌，江西吉安高三分院推事。

歐陽駒，廣州市政府。

孔凡均，上海南京東路沙遜大廈，上海國際電信工會。

錢王倜，上海九江路三十三號金融導報。錢王倬之弟，
　　　　任導報編輯。

李應兆，廣州沙面同仁路三號，廣東區直接稅局。

姜和（愛羣），教育部督學。

王建文，白下路 169 號花園後進。

梅汝璈，上海高郵路八十八號，中國駐日代表團辦事處。

錢俊，杭州艮山門外，蠶絲公司杭州桑苗圃。

丁趾祥，上海南京路三二四弄十號。

李之恩，武昌熊廷弼路第一〇七號。

吳道一，鼓樓五條巷挹華里三號。

曹夢熊，鹿河鎮長。

章定一（鑫昌），吳淞路重慶坊五號（海寧路、老靶子
　　　　　　　　路間），蘭州路中國電氣公司，526
　　　　　　　　36-8 分機。

陸金釗，門西玉振街一號印邦成轉。

曹師昂，上海金神父路一一七號，妻梁玉鸞。

孫芹池，上海長春路四一五號之一。

史榮安，北平東華門北京大學第三院。

陶樂勤，陶愛成會計師，上海復興中路三一八弄六號，
　　　　電話八〇〇四七。

張耀明，河南沁陽，陸軍整編第三十八師司令部。

盧炳林，重慶民權路七十二號。

第二區公路特別黨部，漢口六合路：蕭蔭、向世南、
　　　　　　　　　　　　　　　　袁平凡、周鳳九、
　　　　　　　　　　　　　　　　汪瑞年、吳寅介。

胡水波，徐州綏靖公署政治部。

連銘忠，上海海寧路一三〇號，滬北區稅捐稽徵處。

程中行（滄波），上海畢勛路七九號，江蘇監察使署。

曹志鵬，上海市政府。

程鵬翹（蓬樵），行政院。

凌啟泉，謀事。

楊廷福，上海。

程寶榮，上海滇池路中孚大樓二〇七號同順號，電報掛
　　　號二二〇六。

錢振型，錢誦三之子星暎子承祀，廿八歲，上海大同大
　　　學理化科畢業。

戴聞梅，江蘇鎮江，交通部。

俞勗成，上海林森中路一六一〇弄逸村三號。

於永和（仲青弟），在常熟。

穆文富，Mu Wen Fu, Chinese Legation Kabul,
　　　Afghanistan。

陳俊傑，家住上海蟠龍鎮，船板巷滑翔總會。

中華工商專修學校，上海永嘉路四七一弄蓉園。

黃賢，南京西康路十七號。

徐覺（劍如），東總布胡同十號，北平藝術專科學校。

顧仲新，中山北路四二四號。

祝秀俠，廣州省政府教育局。

陳富洪，溧陽綢繆永成號轉交，中央大學活動室房三十
　　　三號王景祥轉。

顧雁賓，成賢街中央大學文昌橋宿舍南樓 309 號。

王立哉，華僑路普安里二號。

陸增福，上海中正東路中匯大樓 213 室。

蒲柳，無錫南門外獨立第一兵站支部。

顧福田、狄晴初，上海北四川路長春路 400 號。

陳木生，滬西蟠龍鎮河南中街，陳俊傑之父。

蔣振民，常熟報本街九號。

范森奎，公用局吳淞煤氣廠。

三十六年八月十九日

朱有瑤，上海人和產科學校畢業，二十歲，敬之女，
託函上海塘沽路市立產科醫院賈歡菁。

龐甸材，上海南昌路霞飛坊 302 號。

陳仲達，上海麥特赫司脫路四維邨陳邦典醫寓。

袁叔畬，上海霞飛坊九號三樓。

李琴仙，上海吳淞中紡八廠一號宿舍吉子皁先生。

湯立人，崑山新裕錢莊副理。

蔡善符，王健華舅公，下關京滬車站聚新茶號。

宋士芳，昇州路陡門橋泰倉巷永順當。

宋士華。

富伯平，行政院參事，約八月廿五日來譚。

崑山民報

36 年 8 月 16 日

立委狄君武由京蒞崑　朱沈兩首長設宴洗塵

國大代表兼立法委員，邑人狄君武於昨晨九時，由
京搭夜快車來崑，行前約會，太倉縣銀行戴經理貢三偕
同來崑。此間朱議長、沈縣長聞訊後邀請縣黨部洪書記
長、青年團章主任、縣商會張理事長玉山、示範鎮陸副
鎮長等，在中山堂設宴洗塵。聞此次狄氏來崑，為洽商
立法委員選舉事宜，並定今晨離崑赴滬云。

張正球，財政部公債司科長。

姜鍾蘭，奔牛滕村。

錢王倜，天津（6）福建路積餘里十六號。

李永康，中國農民銀行常熟分行臨時雇員。

雷沔，重慶沙坪壩第二號信箱。

唐念萱，上海乍浦路三四四弄十九號，原在復興中學，
　　　　本期移至高橋中學。

邱梁（紹先），上海福履理路 130 弄萬福邨十七號。

徐恩曾（可均），南京中央路二八〇號 A 字二號，三
　　　　三七八六電話，上海外灘六號一〇五室，七八
　　　　四四一、一二五三七電話。

顧迪光，上海中正東路一四三號中匯銀行大樓二〇▲室，
　　　　八〇一六〇、八〇一六六，電報〇〇一九。

陸孟益，無錫南門城內承賢橋中山路六百號。

狄慧齡，鎮江七里甸鎮中進修班，鎮江教育廳陶喬
　　　　雲轉。

狄進堂，溧陽西門碼頭大街太和春。

程寶榮，圓明園路六十一號上海同順號。

狄知白，上海（11）廣西路格致中學。

俞成煐之戚，上海成都路 632 弄九號。三十六年九月十
　　　　　一日上午十時乘船出國，未婚婿梁維綱。

董文蘭，王錦裳婿，求事。

陳正鵠，六合南門外太和堂藥號。

邵徐贊，長沙肇嘉坪湘村里一號。

趙光祀，上海廣東路二十號國營招商局。

傅文元，二十四歲，國立上海商學院會計系畢業。

吉耿西，張百先婿，上海江西路廣東銀行大樓 401 室，
　　　　大華公企業有限公司。

吉子阜，吳淞第八中紡公司。

蔣書文、韓采明，上海中正東路一三一四號。

銀瓶，畫錦里如意祥。

劉振明，貴州鎮遠縣政府。

何欽翼，Miss Catherine Ho, College Mount, St Vincent, New York 63, N.Y., U.S.A。

吳叔禾，上海紹興路一○○號。

牛月村，瀋陽和平區蘭州街十號，電話掛號○四五五，第二區鐵道軍運瀋陽指揮所。

吳諫青，中央路蘆蓆營 108 號，電話 33901，漢中路牌樓巷 38 號，電話 21801。

周傑人，鎮江梅花巷廿三號。

周瑋昌，朱雀路五馬街十二號。

趙光祁，上海哈同路三百○七周志方轉。

趙銀梅，未婚夫黃國享。趙明真（星蘭），張德誠（子），張美善（女），張岱松，上海南昌路四十衖二號。

沈嗣莊，上海永嘉路蓉園中華工商專科學校。

楊克之。

李民初，溧陽西門義隆潤。

寧馨，三十六年下半年，住清華平齋二樓五五一號。

徐培峯，重慶林森路五○六號，介紹劉西平（仁義總社為代表）。

葉嗣湘，溧陽同樂巷十號。

余建寅，亞東銀行，贈祁紅。

項堃元，上海廣東路八十六號第一運輸處業務科，電報掛號二八六六，住宅上海虹口山陰路松雲別業十八號。

王丕承，堃元妻兄，日本東京中華民國駐日代表團第一
組組長。

公望，北京大學工字樓九號。

狄蔚元，溧陽戴埠第六區公所。

梅汝璈，上海安和寺路二五三號，中華民國駐日代表團
通信處轉東京國際軍事法庭。

章慶華，上海中山東一路十八號，即麥加利大樓二十六
室，中國化學廠。

錢文炳，上海閘北永興路永業新村 60 號。

陳劍翛，靈隱路十三號。

莊志豪，字禮經，張思尊親家，張奕機與志豪女正蕊訂
婚。銓敘部。

沈家祺，西京民樂園南門內 183 號。

陳止熙，奉賢齊賢橋，申新二、五、九廠浦東收花處。

唐暉（益明），資源委員會綜合組。

謝建華（旨實），上海山陰路興業坊五十八號。

張宗傑（雨人），貝勒路九百四十二號。

徐玉英，濟南經三路一二一號，中央合作金庫山東分
庫，電報掛號○六七八。

陳以莊，上海虹口公園游泳池對面廣中路一二八號。

王心裁，上海塘沽路 594 弄德興里 127 號。

王韓，上海新昌路五十三號，蜀餘企業公司。

武秀瀓，太原海子邊十三號。

倪默功，溧陽人，無線電畢業，曾任江海銀行職員，
李民初妹婿。

王振旅，泰縣地方法院。

沈慶龍，寓鎮江古西門街二十六號，狄九如甥。

龔榮夫，杭州通江橋浙江省錢塘江海塘工程局，電話一三四一。

金定一，賓洛子，謀事，劍霞來託。

陳乃謙，浙江餘杭南渠河下九號，王萃茂行。

李元龍，上海新亞材料公司。

劉健羣，西康路一一七號，電話三二三六五。

易克嶷，湖南省文獻委員會，函為陳介石當立委囑託。
　　　　鎮江大埂街九號，四益農產育種場，電話七九號。

狄膺，屬十七區黨部第五區分部（第二區十一保廿二甲一戶祠堂巷廿四號）。

狄勛，青島市政府會計處專員，青島市教育局。

王輔承，託書件，項塗元轉。

鄒德喬，伍垣光之婦，士焜之媳，高門樓三十號。

王之燦，崇明丹揆之子。何尚時（奉賢），侯朝海託。

林總，林蒔園之子，住香鋪營五十五號江渭金處。

樹基。

朱子祥，下關商埠街一五三號，電話三三九六九。

崑山選舉權證一五六〇〇七號。

潘吟閣，上海三馬路證券交易所調查研究處。

鄒順麟，陸禮門吳鳳洲託為謀事。

顧蔚雲，奉化溪口武嶺學校。

許鍾權，桃源新村十五號。

鄭鼎文、何杏幽，申家巷復成新村二十五號。

上海中央日報編輯部，羅浮路廿七號。

顧若培，崑山鎮茜墩小學。弟顧若岷患肺病，索油浸白
　　　菓，件交闕宗煜，下關車站路八號，南京貨運
　　　營業所，三二五三二。
郁丕武，昆明玉皇閣，裕滇紡織公司，任雲南省機器棉
　　　紡織業產業工會常務理事。
　寶真已有四男三女，年內將隨夫至長沙任所，雲南、
裕滇兩廠湘站主任。
　寶時在資委會安慶電廠任材料庫主任。
　三、四兩女在家。
　幼女上海裨文女中二年級。

　　狄膺可任立法委員，省會報考語云：「襟懷淡蕩，和易近人，久事立法，熟諳規章」，當選證書為蘇立字第十五號。

陳乃謙（邦濟），浙江餘杭南渠沙下九號王萃茂行，浙
　　　　　　　　江義烏縣西門景誼路十四號。
周富才，溧陽人，與趙敬之同來。
葉雨亭，浙江紹興崧廈烏樹莊阮同興轉後郭瀆，妻陳。
中央印務局，膺為常駐監察人，四十四股，每股三百
　　　　　　　萬元。
吳叔禾，上海紹興路一百號。
胡蘊，字介生，號石予，生於同治七年戊辰三月十六
　　　　日，卒於中華民國二十七年八月二十八日巳時。
李同軒（祖父），李逢生。李星三（父），河南滑縣城
　　　　　　　　城東五十里八里營恆耀東號交。
羅守頤，廣東開平縣長沙建興行。
李晉侯，上海雲南中路七號東南汽車公司。

立法委員區域候選人
陸景閔（崑山）　奚孟起（川沙）　嚴涵溫（南匯）
嚴欣淇（吳縣）

太倉蔣氏

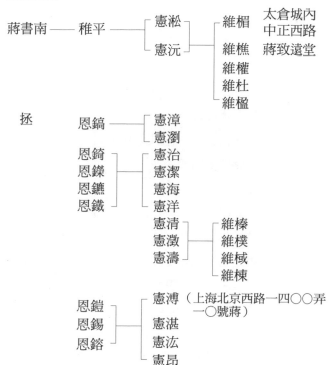

洪蘭友，皋蘭路二十九弄一號，76162。

梁維綱，Mr. W. K. Liang, 200 Claremont Ave. (apt. 57),
　　　　New York, N.Y., U.S.A.。

李贊華、王德貞，四條巷良友里二十號。

周君超，上海新閘路八八八弄七號。

金城磚瓦股分有限公司，南京白下路一七九號。

楊輝，廬山警察局。

吳治普，字憲腾，稚暉師之叔祖。

李翰青，堂子街二十五號，江湖大黑。

狄澍，字桂芳，陸軍總部經理處少校科員。

蔡慶豐（閩民），崇明執行委員。

胡希汾，中央財務委員會總會計。

孫恭量，子幼量，沙溪搖手灣天豐銀樓。

龔守仁，上海四川路橋地政局。

郭永芬，上海縣黨部書記。

姚景湜，金山朱涇第一中心國民學校。

江秉文，廣州路隨園四號。

王兆麟（紀玉）。

陳止熙，上海長陽路一三一六號申新五廠。

卞孝萱，揚州舊城五巷廿四號。

滬太長途汽車公司，閘北光復路二三五號，上海（17）
　　　　　　　　　區，電報掛號八九八七。

宋書同，上海陝西南路二二三號，國防部第一軍法執
　　　　行部。

朱育參，楊莊彝、蔣乃時同在，台北市懷寧街（火車站
　　　　對面），基隆市港務局大廈二樓，台灣航業
　　　　有限公司。

顧儉德，台北公共工程局長洪叔言祕書。

陶瀛家，錫澄公司南甸站，一月二十娶吳圓初女。

袁雍，字谿度。林啟正，字蒙齋。

喬鵬書，太原市寧化府正街三十七號。

張秦開芳，上海大統路 108 號。

張得先，丹陽東門外珥陵轉黃堰橋小學。

王黻文，太倉交通分行主任。

顧恩義（學明），倪浩如友，求事，江蘇高郵。

楊雲，南京體專畢業，體童教員。

吳盛涵，謀天津高分院，立吳屬作書謝冠生。

葉吳孟芙，上海愚園路 1136 弄 32 號。

董學尼（士如），廬山管理局第三科科長。

陳香山，九江社會服務處總幹事。

黃永康，漢口中山大道一〇八七號，開源銀行漢口分行
　　　　經理。

張宗耀，字海亭，河東路九十四號廬山。

許世琛，沙涇路十號，上海市市立第一宰牲場場長。

趙光祀，上海寶興路青雲路招商二村八號，上海招商局
　　　　業務處。

楊元善，與陳培德、徐鏡清同來之蘇北人而住璜涇者。

鄭揆一，福建人，留法。妻唐蘊玉習繪事，漢彌登大廈
　　　　S22，Tel. 18027，永嘉路 600 號，Tel. 78271。

錢能淇，N. H. Tsien, Ambassade de Chine, 11, Av. George
　　　　V, Paris (8e)。

童傳俊，上海南京東路六一四號一樓一〇三室。

伍天生，Wu Tien-Sang, 1 Doyers Street, New York 13,
　　　　N.Y., U.S.A.。

游廬山五老峰記　　吳宛中抄來

　　三十六年十一月廿六晨，同金輅、金應龍、顧授書
三同志上漢口峽，廬山警察局長張毓中偕夫人吳宛中攜
榼來會。張君國民政府舊人，宛中海棠溪余四弟媳之鄰
伴也。局長又帶同志二人孫宏、楊輝同游五老峰，踏仲
老背而上，野餐仲老頭頂下。五老洞林爾嘉小屋及避風

雨室皆壞，有斷碑橫洞中，顧君惜之，張君捧入洞中。
由是再上，立叔、季二老側，俯視懸崖嶄絕，兒峰、孫
峰矗起相應。叔峰自下，數崇臺八、九層，美哉，洋洋
乎信大觀也已。

1948 年

戊子溧陽太宗祠春祭獻聯

依念十年深，幸此番歷劫歸來，廟貌神龕無恙在；

追尋一本誼，願合族和鸞互助，光前裕後悉心謀。

附丁丑春祭聯

文武足傳家，肅拜寅畏，緜邈長沾副使澤；

規模數開國，岂歸敦睦，殷勤上接庶常歡。

　　杭州，錢塘江，西興，蕭山，莫家巷，衙前（沈定一家），錢清，阮社，柯橋，尊義橋，紹興。

　　東湖，皋埠，陶堰，曹娥，娥江，自白官東行，經上虞、餘姚、慈谿而至鄞縣，再南行經江口分程而至溪口。

江浙京滬民營長途汽車公司聯誼會遊覽紹興日程

日期	十一月三十日	十二月一日
上午	八時，由杭州井亭橋喧廬上車，直駛五雲站，換乘汽輪，至禹陵遊覽，十二時在禹陵中飯。	七時半，由勞祿春送早點至休息處，八時半，在省立紹中門前集中，乘汽車至曹娥孝女廟遊覽，完成遊覽程序。
下午	二時，由禹陵乘汽輪，至東湖遊覽，三時半，至吼山遊覽（未往），五時至樊江，乘汽車至縣商會，六時，在縣商會晚膳，八時在縣商會開會。會畢，各回旅館（龍山及中南兩處，名單另定）休息。	午後，分兩處，當天返甬及嵊新各位代表，即在孝女廟遊畢，在娥江站招待中飯（未飯），送別。其餘各位，於孝女廟遊覽後，乘原車返城，十二時在縣商會中飯，三時，在省立紹中門前集中，汽車送回杭州。
備考	本日程規定時間務祈諸先生查洽，準時為企。	

陳培德，常熟何市北猛將堂，陳源泰企記。

張得先，閘北天通菴路寶通路口寶華里十號陳卜池小姐
　　　　轉，工作在虎邱路廣學大樓茂德捷運公司，上
　　　　海高安路一〇一號三樓陳綺亞轉。

許世琛，虹口沙涇路十號，上海市市立第一宰牲場。

李民初，溧陽西門義隆順號轉交。

王錦雲。

鄭家驤，新聞局任事，洪武路三百一十三號。

汪綏英，昇州路下浮橋施家巷雙塘十二號。

郁正維，北平前門內順城街二十六號，資源委員會冀北
　　　　電力公司北平分公司。

蒲顯，字君俠，廣西恭城栗木天源錫礦公司（即蒲柳）。

宋伯胤，紅樓宿舍 127 室。

張璞（樹勛先生子），內政部人口局，住長樂路。

張忠建，漢口江漢路泰寧街三號。

王企曾，溧陽人，南匯縣警察局召樓分局。

翰姪新址，靜安寺路梵皇渡路中行別業新宿舍 79 號內
　　　　　一號。

于小川，鎮江大西路四三九號後進。

黃琴（歸雲），瓊州海口海南大學，顏任光任校長。

舒國華，杭州靜江路卅七號。

衛永恢，上海江西路漢口路三一三號，慶雲大樓五〇一
　　　　室大沅興號。

王國棟，瀏河江蘇省沿海水上警察局。

周君謀，漢口路西頭虎邱路三十一號。

陳振耀（昭卿），江南鐵路總務處處長，雨花路，二一
　　　　　〇三五、一三二〇九。

李景潞，字博侯，長沙人，交通路航政司長。

狄擎華，糧食增產委員會受訓。

郭秉文，天津保定道 65 號，天津鍊鋼廠。

居太太，上海永嘉路 411 號，電話六八七四二。

國家日報社，狄膺代表一百股，上海中正東路一二三號
　　　　　　三樓。

李維（貢），用直中心小學校長，維明，字通文。

錢景雪，朱育參姊婿，錢景淵胞弟。

姜崑山，商埠街 109 海員公會。

李琴軒，奔牛蔣墅新昌油坊。

毛宗清，上海交通銀行信托部辦事員（雇員求升）。

毛鍾和，上海永康路一〇三號，毛麐甫子。

錢□□，天津（6）台灣路十八號。

居覺生先生，中央路板井八十四號。

金睿華，耀弘子，太倉新開河沿七號。

傅志章，23240，十時至十二時。

蔣煥文，大行宮行宮東街五十一號。

陸孟益，上海威海衛路（福煦路）910 弄林村內 926A。
　　　　又中華職業學校（02）七〇六六六號。又昌明紗
　　　　布號張略明，電話九一九四一、九四五五六。

葉吳孟芙，上海愚園路 1136 弄 32 號，上海紹興路九十
　　　　八號。

蔣孟鄰先生，南京（三）中山北路三九一號，善後事業
　　　　委員會，三二二〇六。

沈維伯，廣州路公教三村酉字五號。

孫鏡亞，靖塵。

張元朗，丹陽雙井巷三十三號。元朗丹陽中學 11 金元，
　　　　元功正則中學 20 金元，元達中心國民學校 4
　　　　元，逸先三元六角。

丁雲甫，上海愚園路愚谷村九十八號，子紹曾娶。

方韋，朱福元妻，二十五歲，崑山人，上海震旦大學社
　　　　會系四年級肄業。

李思信，新孚公司總經理，南昌路一二五號 A 二○三
　　　　室，送雞菘火腿四罐、大頭菜一匣。

金鼎彝，上海（9）宜昌路五十二號。

陳果夫，上海岳陽路（即祁齊路靠楓林橋）195 農民銀
　　　　行招待所。

吳雨霖，科學化工廠，上海海格路 1406 弄 14 號，電話
　　　　二二三一三，其家二○二六三。

唐忍菴，太倉大橋河南一二九號。

朱憻儔，延平路沿平村廿三號。

陳百年先生，上海茂名南路一五九弄十八號，電話七六
　　　　一四一。

趙星蘭，江西中路四六七號 A，四川省銀行通匯處，一
　　　　九四七七，上海河南路五六九號四川省銀行。

楊品吉，浙江餘姚菴東鹽場公署，北四川路底長春路口
　　　　公寓四樓十一號，四五六三二。

丁達五，上海西南鄉曹行鎮信餘號。

翟俊平，上海外灘廿四號四後 413 室。

巴澤咸，重慶南岸黃桷埡崇文路卅八號。

許次玄，浙江瑞安五顯廟巷。

葉綺（瑤清）。

北大同學會輓在南京逝世之同學
弘毅珍前席，蕭條憚白門。

北大同學會輓朱自清
微茫追背影，忠恕守常經。

唐縱，字乃建。

丁達五，上海市社會局勞資評斷委員會辦事員。

賀祖斌，已調玉山地方法院首席檢察官，自吉安高分院
　　　　調往。

楊菁蓀，程寶榮介紹來謀事。

李延卿，子世健，上海中正東路一四五四號浦東大厦，
　　　　糧食同業公會全國聯合會。

范望，同仁街三號。

李頌夏，上海北蘇州路一〇四〇號中國銀行倉庫九樓，
　　　　上海商品檢驗局西藏路橋塊，電話四四一八
　　　　〇、四四一八九。

張公權，上海長樂路（即蒲石路）極西一二三五號。

王錫慶，蘇州東北街 118 號。

顧義保，上海南京路大新公司四樓西部國棉聯購處。

10 月 12 日

　　余於十月十二日自法燈庵坐小車，走河漕至支塘，
在洛陽橋與朱田農相別。下午至常熟，夜宿燕園，得讀
張隱南先生日記四冊。

　　記中記余甲戌四月廿一日以徐少遽太先生之介，在

新公園環翠與伊晤見。

記中有燕園偶興，云「坐臥荒園近十春，白松蒼石絕纖塵，老夫權盡維持力，留待他年愛護人」。其翌朝余在孝友講演，即發揮隱南先生辦學取為而不有之意。

徐樹人，子徐昂千，十八歲，常熟中學畢業，有志投考工學院機械系、電機系。女徐蕙，年二十歲，亦常熟中學畢業，有志投考理學院化學系、物理系。

殷躍龍為少逵先生婿，其父及世父為賡石、仲熹，其為殷胡靜芬創辦學校。

10月13日　雨

朝余在常熟圖書館閱新舊志書記璜涇事跡，抄錄如下：

橫涇東嶽廟，里人國諭張士元建，以為一方祈福之所。士元字允甫，見戴表元集，事見續志。

又璜涇既燬，成化間，居民趙、陸二氏興建。

姑蘇志曰：崇壽院在橫涇，端平三年僧皎如建。

又曰：崇福院在橫涇，紹興元年僧至實建。

姑蘇志曰：時思庵在陸河里，咸淳五年僧泉涌建。

第三十四都黃涇敘祠作橫涇。

陸河聖像寺，紹聖四年十月霅川空叟僧仲殊記云：至正乙酉，朝貴置碑石赴都，抵直沽忽中斷，有聖像儼然，劉文明父子復載以歸。姑蘇志云：在橫涇市之南（疑北字之誤），元道士尹惟一有靈石贊，見遺集。

章鑑記吃酒

第一日　　徐厚元（九功，律師）

　　　　　王理之，名章緒（縣行主任），茹素

　　　　　曾　燁（天音）

　　　　　屈壽石（熾昌）

第二日加　桑君維　楊孟龍　佛士

　　　　　蔣振民　李佩琰　龐甸材

震弟使酒罵座。

環翠晤歸炯厂程達新（瞿親，同吃六馬路）。

蔡德恭，西門外與之晤，粹公表親。

卓葦。

朱孟謀，報國寺與之晤，善相地。

石梅圖書館館長陳景岐，係陳敬若先生之弟。

陳敬若先生，南門學士橋，吃茶在南門平橋街救火會。

　　　　　　　子陳廷勳（字紀常），贛州西津路二號鎢

　　　　　　　業管理處。媳許肇珠，大庾人，配其第三

　　　　　　　子陳廷平，大義鎮椿樹國民校長。二媳婦

　　　　　　　石毓珍，元和鄉中心國民校長。

傅增輝，住槐柳巷盧宅，聞應堂在商會。

狄柔，住大榆樹頭三秀堂，自云廿四世始祖為東溪公。

潭月，寶嚴寺和尚。

安蔚南在西中巷。

陳致中，讀書台石梅中心國民學校校長（沙洲人）。

曹仲道，沙洲詩人，縣立中學教員。

楊任可，震寰先生子。

在岳弄口朱粹公家讀光緒戊申十二月蕭嶙常昭第一
民立兩等小學堂同學錄，序云：木受繩則直，金受礪則
利，君子博學而省己，則知明而行無過，故勗之以從
善。射干之木，莖長四寸，生於高山之上，而臨百仞之
淵，木莖非長，所處則然，故勗之以獨立。蓬生麻中，
不扶而直，蘭芷漸滫，君子不近，故勗之以慎友。騏驥
一躍，不能十步，駑馬十駕，功在不舍，故勗之以猛
進。無冥冥之志者，無昭昭之明，無惛惛之事者，無赫
赫之功，故勗之以潛修。蹞步而不休，跛鼈千里，纍土
而不輟，邱山崇成，故勗之以厚積。非我而當者，吾師
也，是我而當者，吾友也，諂諛我者，吾賊也，故勗之
以社交。

11 月 12 日至 14 日

余於三十七年十一月十二日晨，自上海同外甥戴令
奐及其蘇中同學駱家駒在寶山路淞滬鐵路上車。奐甥甫
游台灣歸大陸，謂人民拆毀淞滬路，沉鐵軌於江，鐵軌
旋為台灣巡撫劉銘傳於光緒十三年（1887）移去敷設自
基龍至新竹之鐵路，台北（光緒十七年）於一八九三年
築成，原動手之技術人員，現尚在台灣。

余等乘機車後之廠蓬車至蘊藻濱而止，過橋即為外
馬路，帆檣林立，市肆皆新房淺屋，當年余與水如姊丈
同飯之福昌棧已不能辨其處。鴨窩沙帆船停泊水上警察
署之狹弄內，往西沙者今日早晨，開東沙者須午後開。
余得食羊肉麵後，即搭西沙船，以十時拔蓬。下午一時
三十分抵沙，時潮水已落，不克靠小港，乘客均赤腳上

岸，余亦效法。水及腿灣，泥灣不易跋涉，一須開步
小，二足趾先下，三須選擇硬版地。既登岸，在人家柳
蔭下清水水橋洗足，兩足皆極溫暖。

　　西鎮學校校長為施□□君，往參觀，略談即步行至
東鎮，夜宿戴家管租陳鳳才家，極酣睡。

　　十三日晨，游戴邵老倉，邵式文殺雞為黍，鄉長、
鎮長、副鎮長均來飯。倉建於同治十二年，光緒廿四年
重行擴大，得田則為同治六年。起初本地人曾燒搶租
穀，後經寶山鮑姓者調停，蘇藩給照，始能管業。近年
南坍北漲，老圩漸漸坍荒，奐甥得穀已無多。晚朱步蟾
留飲。

　　十四日，余與駱家駒乘船先返上海，奐甥為風阻，
直至十七日始返滬，攜米八包，極狼狽。

沈禹昌，祖母范，妻楊肇晉，四川潼南雙江鎮人，遂寧
　　　　涪江女中卒業，住南京瞻園路義興巷四十號
　　　　一進（前門左側），房東徐姓。
姚燠恩，上碼頭廿三號和豐米廠，妻江浦永寧□氏。

11 月 19 日
陳布雷遺書　說明「何以自殺」
　　遺書中十一月十一日雜記說明死因：「我是為了腦
力實在使用得疲勞了，思慮一些也不能用，考慮一個問
題時，當覺得頭緒紛繁，無從入手，而且拖沿疲怠，日
甚一日把急要的問題、應該早些提出之交件（如戰時
體制）一天天拖沿下去，著急儘管著急，而一些不能主

動，不但怕見統帥，甚且怕開會自己拿不出一些主意，可以說我的惱筋已是油盡燈枯了。」此為自覺活下去無意義、無效用而自殺。

致弟書云：「近日心緒之疲散，不能集中。」

又曰：「所以我的死，在我自身，是不勝痛苦焦慮，所憂者是自身委實已不能工作，而他人尚以我有一些用處，這將要誤事的。」

又曰：「人生到了不能工作，不能用思慮，則生命便失其意義，沒有意義的生命留之何用。」

又曰：「但我那一個念頭萌動了不知多少次了，每逢心裡痛苦時，常常有『終結我的生命吧』的念頭襲余之心，此在三十一年、三十二年、三十四年之春之夏均有類似的情形，並已作了種種的準備，終因健康稍稍好轉而免。」（末句致訓慈、訓恣、叔同書則云：「而皆因臨時之故障以中止。」）

又曰：「憂悶狂是足以大大發生變態的，我便為這種變動反常的心理現象而陷於不可救，豈非天乎？」

上總統書云：「布雷追隨廿年，受知深切，任何痛苦，均應承當，以期無負教誨。但今春以來，目睹耳聞飽受刺激，入夏秋後病象日增，神經極度衰弱，實已不堪勉強支持，值此黨國最艱危之時期，而自驗近來身心已無絲毫可以效命之能力，與其偷生尸位使公誤計，以為尚有一可供驅使之部下，因而貽誤公務，何如坦白承認自身已無能為役，而結束其毫無價值之一生。」

又曰：「韓愈有言：『中朝大官老於事，詎知感激徒媕婀。』布雷自問良知，實覺此時不應無感激輕生

之士。」

致潘公展、程滄波書云：「累旬自譴自責，致陷極度嚴重之心疾，不能自己控制。」

遺泉、皋、皓、皚、明、樂諸兒書云：「父素體尪弱，時遭艱危，知識闇陋而許身國事，性行孤僻而不合時宜，積是因緣，常患嚴重之腦病。」

行狀云：「性行清方，雖至貴仕，自奉刻約已甚，一切生人怡樂娛遣之事都無所近，並登山臨水亦索然寡興。」

又云：「公為文，初得慈谿楊敏曾、馮开及從兄陳屺懷之指授，楊主才調，馮、陳重義法，公兼師之。嘗自道為文之法，要在深入平出。惟深也，故義旨淵微，非尋常所有。惟平也，故筆致軒豁，使人人能解求之。往昔若仲長公理，若王仲任，若徐文長，皆為文章別派，二千年來隱隱有此一脈之傳。」

十一月十九日下午在李家苑錄

章慶𩜾，十月十六日至京贈茶，可口。余函詢何處所產。章答係徽州石耳山產，據老茶客，此茶較黃山源產則遜一籌。

許頻伽，辦公中山北路 205 號外交部對面，電三二五九二。住宿上海路口雲南路西橋六號，電三三七四九。

陸一均，現住大板巷六十四號，借床一、桌一、椅兩隻、凳兩隻。

11 月 24 日

　　三十七年十一月二十三日，陰曆十月二十三日，為長姊穎芬六十生日，姊在瑻以素麵款客，並唸經申報母難。頤甥自京返桐，弟過滬帶聯游回瑻，筠碧自滬返，奐甥與王清之本日自滬乘頭班汽車到沙溪，如無中班輪則步行歸家，震弟先期自常熟來信，是日亦歸。余以時局嚴重，正辭中監會祕書長，不欲歸以來逃難誹語，在祠堂巷寓書壽字、焚壽燭、燒壽字。鄉錦帆姪女做壽桃，供壽麵。下午三時，李逢生先來拜壽，留伊雞塊走油麵一碗。余妻綴英早晨到，吃麵聯呼鮮美。夜飯時，陸子安（一均）、許良圖（傾伽）、任炳元、施文耀、錦帆、余夫婦、炳弟凡十人，冷盆為蠟鴨、肚子、皮蛋、清蝦、獨腳蟹（煮蠶豆）、拌花生、臭豆腐干，炒菜為魚羹、腰花，點心為壽桃、壽麵，大菜為整雞、豬干、四喜肉、清湯青魚，諸人共飲茅台酒一瓶。天氣陰晦，諸人均極開懷，真是清清楚楚，十分難得。

二十四晨　膺記

黃日葵，大紗帽巷二十號。

王凌震（春霆），正洪里三十三號。

沈立，台北市西門町昆明街康定路 25 巷 42 號。

陵園新村四十九號領地記

　　勝利歸京，陵園管理委員會祕書林元坤君（字培楨，子超主席之姪孫也）謂陵園新村地將重行分配，余可請求租領一方。十一月十六日得通知，管理委員會已核准給領四十九號地，余即交領地費五百元（收租第四十七

號）、三十七年地租三十元。十二月三日，余同王懋生
謂水池路陵園管理委員會晤庶務科孫玉書，知抗戰前本
號為鄭韶覺（洪年）所有，鄭晚節不終，余頗惜之。
十一月廿二日，余得陵領字第○○二號領地證一紙。

章騰欣，歙縣城郊漁梁。義平，章騰瑞妻。

張弓，杭州建國南路板兒巷柴術廿一號。

陸寶義，陝西街曹家巷口大昌裕。

郭時敏（Rev. FR. Bonaventure Kuo），南京石鼓路一百
　　　　號，天主公教司鐸。

毛振翔，南京石鼓路一百號，天主公教司鐸，或上海
　　　　岳陽路□□號，此人送何欽翼赴美，十二月
　　　　四日託帶去瓷玩六件。

徐漢豪，上海路四十號，二三八二，農林部參事。

謝孟軍，上海哈同路愛文義路一三五七號，聯華公寓
　　　　119 室。

江一平，上海皋蘭路二二號。

朱立蒼，北四川路市立第四醫院。

邵可羨，上海環龍路福壽坊十四號，八五二三四。

李進，上海福煦路五五號，上海復興汽車公司。

陶樂勤，辣飛德路 318 弄（永裕里）六號，八○○
　　　　四七。

朱有衡，上海楊樹浦西湖路 140 號，永安第一紡織廠
　　　　朱柏青轉交。

李適生（慶麐），漢西門龍蟠里四號。

和州土製麻雀，切碎油炸加作料，和以花生或臭豆腐干。

周世安，香港福臺道五十號，招商局分局總務主任。

周雪，23, Devonshire Road Singapore（K. L. Lo）。

12月19日

　　十二月十九日，陰曆十一月十九日，余五十四歲生日，再過四十餘日，余五十有五矣。候原潤姪女與李逢生回門，懸余父母遺象令拜，來拜壽亦請向余父母遺象鞠躬。婉表妹治酒四桌，在畫錦堂開席。

請而未到者：
張佑生夫婦、沈君陶、謝壽康（離京）
葉揭之、鄭鼎文（赴滬）、唐一鳴
朱雲光、桐表弟（不在京）
來而未吃者：
狄玉崑

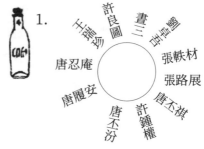

桂弟　朱天奇　朱天奇夫人　王慕之　錦帆　戴令奐　狄福葵　施文耀　綴英　李逢生

王穆生　祝兼生　王起棣　張滌寰　胡立吳　君武　楊佛士　謝建華　李志伊　狄擎華　吳鍊才

許良圖　王養珍　畫三　許世澤　唐忍庵　張軼材　張路展　唐履安　唐不祺　許鍾權　唐不汾

光琪　紫薇　陸子安夫人　安嫻　王筠碧　婉伯　戴習美　綏芬

冷盆：薰白魚、鹹鴨、肚子、蝦皮蛋
炒菜：魚羹、炒腰子、蟹羹、炒腦蛋
點心：白木耳、山藥糕
大菜：海參肉圓、雞鬆、炖雞、四喜肉、清魚湯
立吳素菜：獨腳蟹、豆腐干花生、炒清菜、豆腐

12月19日至22日

十二月十九日余攜衣箱三只，同奐甥、光琪乘野夜車，二十日晨到滬。衣箱三隻奐甥將寄新聞路鑄范新里謝秉泉家。余至烏鎮橋路橋滬太公司與楊心如、狄詠宮、吳仲裔談。十時乘赴沙谿車至牌樓市下車，到吳景文家飯，景文導往洪景平宅對面臥樓，見廿一年前結婚照片，余、余弟畫三、斐玉、邵力子、劉友琛皆在照片中。飯後攜糕菓，偕李□□、曹學徒走至趙家橋，分糕菓與外姑後，即偕鄰居二鄉人走浮橋，在蹄強家吃酒釀湯糰，分蛋糕給婷娉，坐轎至六公市顧柱國表弟家。華姑母廿二日除靈，余薦茶食水菓，宿西顧翼子中。

二十一日，同學裘嘉會上堤岸觀海浪，港口、鹿鳴涇口各有一碉堡，堡中有青年軍駐守。歸途入老槍阿華家吃茶，阿華龔姓，學算，來飲五年陳酒。

二十二日晨至后家吃青魚麵。十時震弟偕蜀華走來。十一時穎姊偕嘉嵋坐車來。余拜姑母靈位後即飯，飯後即偕一顧農夫同行。橫風橫雨，行田畝中或茅柴上，得不滑。一時許至浮橋王家，又一觀陳椒馨表伯母，即行，乘二時開出之班車，於五時後至滬。六時在楊坤林家飯，謝秉泉、錫弟、奐甥、瀚姪均在，菜頗鹹。回末村見頤甥大赤，十一時乘夜車返京。上海年因孫閣成立，和平宣傳甚力。南京天雨，飛機聲不絕，路上行人視平時為少，中央醫院前更易看出冷落。（二十三日雨窗記）

安福彭學沛字浩徐、常熟馮有真，於十二月廿一

日因籌備廣州中央日報,乘中國航空公司 ZT 一〇四號空中霸王飛機,於香港附近距香港機場十三里處之貝索(Bisult Island)島失事遇難。彭君子彭乃瑤年二十八歲,任職申新第七廠,馮有四女無子。

狄志潔,譜名玠,北京河南中學卒業,黨務工作人員,從事司法,考試書記官考試及格,及山東省第一屆普通公務人員考試及格,分發江都地方法院學習,後至如皋地方法院任候補書記官。二十八年任江蘇省戰區巡迴審判,歸溧陽。三十一年任江蘇高等法院書記官,在三了橋辦事處。勝利後復員至蘇州。三十五年四月調國防部審判戰犯軍事法庭書記官,九月調熱河高等法院主科書記官。三十七年十一月撤至北平。

伊曾祖諱岱,字魯山,任甘肅狄道縣知縣,後升府同知。祖諱雲錦,字伯綱,河南上蔡知縣,有惠績。沛霖過上蔡縣大堂,猶見舊扁。父諱毓安,字定甫,游幕開封財政廳及夏邑縣政府。伯父諱郁,原名毓鄉,字杏南,又號文子。在開封、信陽、北平任教,有著作七一齋詩文集,為其弟子信陽師範生萬鳳樓付印,老年著作交學生陳銘鑑收藏,陳任北平順治門外達智橋嵩靈中學校長,已故,家原住庫總胡同五號,有書名春秋正義。溧陽西門外後街廣成號。

張淵,性嗜小吃,云夫子廟大上海廚房張姓前全家福廚子,冬筍燉野鴨、火腿瓢兒菜、雞火干絲,均不惡。又云馬祥興美人肝宜涼拌,雞鴨腰宜炒不宜燴。又云蒸酵肉時將鴨肫同蒸,味佳,曾於上海半齋食之。

二十一日震弟信

十二月十八日嘉嵋至璜涇老宅，水橋上失足墮水，
幸豐哥家男傭桂生拉住兩腳，拖起水面，衣服盡濕。

陸長恩，廣州太平南路中國銀行。十二月十日乘招
商局海龍，十六日傍晚安抵廣州。

十二月十八日下午四時嫁子畏次女原潤姪女，與渭
縣李同軒孫星三子逢生，在南京中山東路一百二十二號
上海飯店結婚，請崔敬伯先生證婚。逢生備酒六席，來
賓上下宅各佔半數。奐甥偕婦筠碧，率光琪、習美自
上海來。龔月評適自上海來京，最年長之客為江誠卿先
生，年七十，住白衣菴十號。

12月26日

昨夜大雪，晨起扯棉堆絮，已有頗觀。張毓書來李
家苑，同至夫子廟，過板橋，有人鋪稻草，上下塊得
不滑。

張君先往白鷺洲，余至大石壩街二十四號，約王起
棣及起新夫婦同往。白鷺洲之側廳石刻「鷺洲遺跡」四
字，東北望山與城俱滅沒，但見濛濛一片，天公正在播
颺麵粉。東望蘆根，皆為雪裝銀面，蘆花為雪欺壓，不
敢擡起白頭。西為雜樹，松頂雪、榆幹雪、楊葉雪、冬
青雪，各有奇致。南為欄干及砌道，陽明陰暗，可望遠
來行人。洲四面空曠，裝雪之後，好景團聚，又因來游
者止余等五人成隊，其餘有散兵三、郵差一、張蓋獨游
者二，遠處有二青年跳走擲雪團，岸邊有浣菜女子一、
二人，游白鷺洲今日為絕佳。起棣等跳舞兩次乃返。是

夜燈下記。

朱天奇，南京（6）中華門外雨花路江南鐵路公司，二
　　　一〇三五、二三二〇九，叫事務服。
俞勗成，上海林森中路 1918 號五樓 501 號。
閻百川，寧海路四號勵志社招待所。
胡適之先生，赤壁路三號。
陶漢，南昌章貢中學校長，北京大學卒業。母涂八十
　　　八歲卒，來訃。
張益林，徐州富庶街一號。在火車上借給余絨繩背心
　　　一件，因徐蚌構兵，未及寄還。

1949 年

1 月

凌堯壽，字霜紅，徐淑求婿，丹陽稅務副主任。淑求在瀘州。

徐若渠，四川瀘縣銅店街 45 號副五號。

林立山，丹陽南門外大王廟河沿，妻朱六十九歲卒。

何聯奎（子星），上海華山路 600 弄十一號。

季源溥，上海（0）中山東一路十八號三一五室，亞東建新股分有限公司。

顧授書，上海楊樹浦路一五○四號曹玉祥轉。

施振華，台灣岡山空軍通校學生第五隊。

顧迪光，上海北四川路八百十八號，一月十日娶上官蓓茵。

黃賢，上海寶山路四十七弄新八號。旅行雜誌二十二卷十二號。

陳俊傑，一月中旬將在廣州與馬霞青結婚，廣州河南福場路東三巷九號賴祖耀轉。重慶音樂專科畢業，京五台山國民學校教員，二月十九日遷惠福東路惠新中街二號。霞青父馬惠鈞住南京安品街八十七號，母金傑英，兄馬俊亮、偉亮，弟馬桐亮在台灣基隆畜產公司，弟馬俞亮、馬永亮、馬季亮。霞青任廣州市漢民區第五國民學校勞作音樂教員，校長周志楨。

　　得錫弟書，錫滬路翻車（元旦在葛隆鎮附近橋上），
顧震白夫人、包效彭新婚夫婦（翩翩女子維紈）、公用局
李繼寅等十三人，郁聖祥賴其子郁淇勇健救出，顧震白
輕傷，程寶榮父子輕傷。

薛興善，王延齡（父王福臻住陸義丰，對岸九龍荃灣
　　　　九咪半）對門，往香港南海紡織公司，由璜
　　　　至錫。

周厚鈞，上海林森中路興國路 151 號李寓轉交。

俞成煥，Dr. C. Y. Yu, King's Daughter's Hospital,
　　　　Portsmouth。

宋玉亭，山東威海衛人，黃海水產公司總經理，經營
　　　　得法。中央水產實驗所之房屋由其撥款倡始建
　　　　築，青島魚市場、天津魚市場所有官股皆為黃
　　　　海公司贏利所撥充。威海衛滿五十年，英皇獎
　　　　與遠東艦隊有貢獻者，問威海衛人何所需，威
　　　　人說本為漁民，無所打魚，英皇乃允可往亞東
　　　　英屬地打魚，亦託宋玉亭領隊。玉亭亦曾為游
　　　　擊隊，打擊共產黨，共產黨人以宋不講享受，
　　　　切實工作，亦派員到宋家，令宋父招玉亭去辦
　　　　漁業，有令任漁航部部長之說，宋不為所動。

潞安州。

侯朝海，東長治路（西華德路）302 號，中華水產公司
　　　　三樓，電話五〇一三三。

金炤人，台州，前浙江水產學校校長，現聯勤總部糧
　　　　秣總廠副廠長。

林紹文，廈門人，中央水產實驗所所長。

顧承禧，九江路四川路口儲匯局二樓 201 號會計課，
　　一八二六八分 109。

顧子欣太太，亞爾培路蒲石路 502 號三樓。

錢文炳，上海寶山路寶昌路業華 118 弄新村九號。

錢錫元，台北桃園空軍辦事處。

Capt. William H. Wong, 5834 W. Walker St., West Allis
Wisconsin, U.S.A. Mrs. Julia Wong.

孫忠元，金陵東路五二五紡建第二門市部，八八八五八。

王競亞，荆州路一〇〇號十九區中心國民小學，五二
　　五五〇。

李君狩，貴州路一七八號。

陳光甫，上海福開森路二十二號。

羅香林，廣州德宣東路太華坊四十五號之一。

田瑞三，六合南門，介紹張超。

狄源渤，三十七年七月南京市私立鍾英中學畢業，校長
　　俞采丞，畢業文憑鍾（三六）字第二十八號。

顧純一，光緒己丑正月十五日生於崑山南鄉莊家埭。
　　女顧亮，住蘇州城內鳳凰街孔副司巷五號。

陳德英，廣州市應元路尾華光街繼園東街五號。

張建彬、曾映雪，承恩寺五十五號。

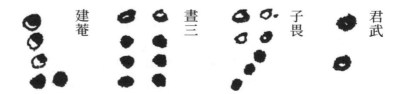

辭碚別縉記　三十五年三月廿七夜寫於官井

　　北碚為嘉陵江下游勝地，蜀人謂水中有石曰碚，今
北碚鎮近處，亂巖蹲江中。北碚當係鎮名，有溫泉池、
溫泉寺之處，在鎮北約距三里，土人呼為溫塘。游北碚
者，兼及塘鎮，方稱盡興。未至溫塘者不見峽，不及
浴，不宿控景當江之館，不往來於泉池、寺牆、園樹之
間，但於鎮上睹整齊之街市、機關、學校，不起歖情奇
致也。語人曰自北碚歸，人亦豔羨之矣。

　　余官立法院立法委員，院會月二次或一次，以在星
期四、星期六之日為多。余於會前或於會後訪友覓勝，
以解案牘困頓，足跡最多者為天生橋、獨石橋與北碚鎮
之中站也。余愛住沈氏老街寓樓，西窗面對九峰，翠鬟
對語，余心飛越，自于範亭、沈君崇、陳漱逸、李滌雲
之歿而始疏。天生橋西之龍灘子，葉楚傖及其堂弟敬持
所曾寓也，自此西上，亦可以登縉雲山。自立法院上半
岩而西至蓮池溝司法院辦公處，曾訪茅詠薰，自此經陶
家溝、大竹林、雙馬門煤炭窯□□，亦登縉雲山，自雙
狀元碑而西，至石板□，劉卓吾攜眷在焉。西上經城門
洞、白雲寺，亦登縉雲山，諸小道皆可登山，須經白雲
寺而至縉雲，余意屢欲試探一行，鄉人謂有豹子、有伏
莽，苦苦勸阻，亦無人願為余伴者。余惟自溫泉寺後大
路過紹隆寺，轉山前而至縉雲山以為常耳，某次亦曾自
縉雲寺而至白雲寺。

　　初游縉雲，同周平瀾，值雨，蒙法尊留宿樓上，
購密宗道次論集、菩提道次論集諸書返。次游，同朱雲
光、吳練才五六人，於廟中不得食，蒙陳真如夫人湯

惠，款以茅台酒盛饌，呼滑竿送回北碚鎮。三游，廟中更不供茶，蒙馮玉祥將軍之副官煮泉水數壺解渴。四游，攜兒子公望，同僧及陶冶公飯，免盡粗糲一盂。此次辭山，似為五游也。

三十五年三月二十三日，立法院開會，修正土地法。余於晨六時，同閔慶全、陸長恩自上清寺街出發，過金剛坡龍泉茶園麵，遇張目寒贈蜀中紀游一冊。八時三刻抵院，閔、陸步行先至北碚鎮，在兼善茶座等候。十二時，余以車至，同飯，張秉三夫人徐志斌燒胡豆一盤送來，味最美。飯畢，坐車，至金剛碑鎮之上，登石砌路，方解衣下車。適有二青年女郎結伴，謂需至溫塘，借坐余車。余三人緩步登山，過壘石堆，再上砌路較窄，應從窄處登。余等順足走寬路，至兩路口，採樵婦女謂宜從農家宅後抄小徑，仍合窄路。行經松隙塘堤，塘中蝌蚪，松間畫眉，畫眉叫跳，蝌蚪靜伏，皆生奇趣。路既合，方向似為南上，休於人家竹樹間。嘉陵自天府峽口以迄溫塘峽，皆可望見，廬舍田畝隱沒於岡巒起復間，故為寂寂，偶有一二呼喚聲，來自遠處，人間愁慘怨恨喜懼脅慊愛憎之情，幾悉埋於土饅頭中，可以息滅。但余等曾談及董孝逸十九日墜機，至今渺無蹤跡，余等獲游，而董君獲免否也？相與悼惜久之。（董孝逸生光緒二十二年十一月廿六日，三十五年三月十九日復員歸滬，乘中航公司 139 號飛機失事在川西夷區團岩境內。子振棪得沙坪何縣長之助往尋，殘機掛樹上，白骨墜坡溝，不能辨認，在夷人手中購得鋼筆、眼鏡各一。）再上有石築土地堂一處，砌路終點，合於黃沙大

道，是所謂前山道矣，舊集僧工築成，未暇治下水道，
山洪經處，路面坼裂。

　　縉雲之妙，妙在寺外。將近，右過陳夫人、馮將軍
之副官所曾飯余飲余處，新篁灑然迓余，有牌示禁伐，
且以篾繚之。竹林小徑及屋舍三間，似較往時為潔。左
為太虛所建之待月亭，面對嘉陵，特為空曠。亭外有
園花布置，李情悚曾語余，縉雲宜以夜遊，月色格外明
朗。伊曾應漢藏教理學院講演，適為月夜，暢游寺外，
此亭恰為佳處也。再進，徑在林間，花濃垣外，游泳池
之左新闢一徑，雙松挺立處，懸山門木額及聯，與舊無
殊。入遝橫堤，坐衡亭中，柟杉互蔭，清風冷然，實一
寺之最佳處也。游人不知此亭之佳，騰身入廟，滑竿
夫則解衣磅礴，臥起於此亭，叫囂追逐，殺風景，極
可惜。

　　升階，有石刻照壁，又有石坊曰迦葉道場。志稱迦
葉尊者，於九峰頂上，示一十三足，又飭袈裟印文於獅
子峰。入頭門之前，升左坡，九峰面貌，可以細認。九
峰者，朝日、香爐、玉尖、寶塔、獅子、猨嘯、聚雲、
石照、蓮花也，叢翠攢聚，各呈形態，以獅子、香爐二
峰為最秀。晴日照耀，連峰競美，一朝雨霧，峰頂不可
分，石根欲浮。縉雲山分峨嵋之秀十之一，當於此處尋
之。獅子峰自寺外上，余與平瀾曾一登峰頂，眺望不加
遠，灌木雜樹遮眼線，亦無奇石可以立足，且所高亦無
多，可不必登也。今日原議上獅子峰，余見長恩略有憊
狀，乃止。

　　入頭門，四天王拱彌勒，彌勒龕前有游山題名錄，

今日已有三、四人先我儕署名。余書狄膺辭山，閔、陸亦題名。

大雄寶殿之左場，闢一花圃，木筆、桃及碧桃、六月雪、迎春、山茶皆盛開，山茶花朵有委地者。縉雲山氣候較寒，花開遲溫塘一月，余謂春花爛熳，不及春樹茁芽之可愛，芽有細如針者，有紅似楓者，有圓似顆者。黃栴之芽，密卷似長鋒羊毫，如未坼花苞，生意酣藏，真力內蘊，比繁花穠豔，值得欣賞，比紅樹秋山，加添生趣。明人華亭宋彥西山游記云香山之勝在逕，逕之勝在樹，樹之勝在新秀。余之有此認識亦在五十始滿之歲，少年時百事等閒，祇知花好，未曾關心樹芽初吐之美也。

大殿後藏經樓已蓋好，樓下為學僧課堂，僧眾似頗用功，領導者仍為法真。樓上藏經三部，大藏、續藏及日本印藏經各一部，以門局未入。樓廊懸總裁真書額，又有石刻殘片、武士像數個，似自溫泉寺後移來。今寺後升汽車路，仍有石刻殘形，古時溫泉寺後登山處，曾有石坊也耶。

入知客寮，所懸字畫，真嫌太多，大概名山有名書、名畫，而不知選擇，不知配稱，不知懸掛，如逢來求題詩寫件，切戒小沙彌磨墨，不可太濃。余等入寮，侍者祇供開水，甜茶一問即得，了無是處。僧人處有「我的好茶」，則十分珍貴，不易飲到，余等亦未敢請，聞縉雲山後有一處亦產佳茗，惟量少耳。數分鐘後，陶冶公先生下樓，頗傷楚傖之逝，伊每日為之誦經，云未終七前，亡人有用處，其意頗誠。冶公為太平

洋報社舊人，知楚傖能任大負重，且謂黨人能如此者不
多，真見到語。冶公又言，日本刻大藏經亦多誤脫。又
言返南京後，住攝山抑住古林寺，尚未定。又言寺門游
客簽名簿，寺中擬省，惟伊云名山須珍鉅人名德之蹤
跡，此斷不可省，並舉日本大政治家「賴山陽」微時，
曾為某娼寮記狎客姓名，及其既貴，所記之簿冊極為珍
貴云。冶公送余等至蟒塔前，和南而別。余走浴池解衣
亭側，出新徑，未暇觀相思巖，與縉雲山從此別矣。冶
公為法尊索書件，余亦允之。

下山，走黃泥道，過界碑缺，過木牌坊，仍從石砌
拾級下，砂石與布底鞋滑失，幸以杖支體，未仆跌。過
農田閘，閘巨水細，既畢工，無所用。過此直前行，有
路旁售茶者，招云「盍少休，盍飲茶，距縉雲八里」，
語意中人脾胃，實五里許耳。再下為紹隆寺，余昔年曾
攜雲腿慰勞黨史會諸編纂於此。又嘗入內，參觀湖北兒
童教養院。此番過寺，寺後似添新屋，寺前亦築新甬
道，又有運動場諸設備，教養院似在繼續辦里中，寺容
亦改觀。以時已四時，余豫約李清悚四時三十分會於松
林坡，捨而未入。

松林坡，松樹無多矣，近坡處沙滑路陡，賴閔君扶
掖得下。清悚在松語山房候余，而余等則訪之於教育電
影製片廠，坐移時，清悚來，同至白鶴亭旁坐車。越溪
橋，行兩公里半，停於山側。下石級，過運河、木橋，
而至澄江鎮之韻流福建餐館，食魚。澄江鎮近年以□□
煤礦而興，合筲箕、澄江兩鎮為一，臨江成人字街。韻
流在澄江大戲園之對門，後院臨嘉陵江，茶座在空庭，

餐座三面有窗臨江。蓋重慶空為兩江合抱，而自留春幄閉歇後，無一餐樓臨江，北碚亦無臨江餐館，溫塘之農莊、數帆樓舊售西餐在廊下，距江嫌遠。今之精誠食堂及竹林深處，位置嫌低，若論高下合度，面臨空曠，惟韻流一家而已。余數約中國旅行社經理王振旅夫婦往，未能如願，今日得清悚引導，晚晴微酒，飄飄欲仙，不僅廚夫作五柳魚及魚羹可口也，閔、陸、李三君，亦表滿意。

　　夏溪口為運河之上游，有瀑，有閘，垂柳沿河，略似揚州之瘦西湖。清悚謂如約友泛舟極美，此處在縉雲之背，僅望見背山隆起，而諸山爭起擁護，使縉雲自然偉大。巴縣縣志載，黃帝時有縉雲氏不才子曰混沌，高辛氏亦有不才子八人，投於巴賓，以禦魑魅，不知不才子先到前山賞九峰乎，抑自後山望側峰之秀也。自後面望縉雲，如雞群鶴立，自前面望縉雲，則群從翩躚。余今日別縉雲，前後端詳，跡象深印，山靈有知，必笑為真率。與兒女出別，泣數行下，不敢仰視者，敻異矣。

　　上文所述總為辭縉雲山，以下為別北碚，先別溫塘，次別北碚鎮。

　　自夏溪口下溫塘，白天常有便船，向晚則需單雇，今日則無船可雇，坐車回柏林旅舍，李清悚於松林坡下車。

　　溫塘所占地位不廣，以溫泉寺三殿為最深，諸宿館竹樓、琴廬、磐室、農莊、數帆樓、花好樓皆沿江。柏林今為中國旅行社，獨依山，浴池在數帆樓下，花好樓

下亦有一浴池。浴池近處有磨坊一、餐館三，其中有名精誠者，民元船上之餐手也，一年高者稔余，余常就食焉。公園管理處亦有一餐廳，則為川菜。諸建築之連絡物為法國梧桐、為塔柏、為龍柏、為洋槐、為通溫泉之陽溝、為上下之磚梯、為鋪碎石之園徑。勝處凡三：

一、溫泉中殿後，檐鑿通為廊道，紅牆綠樹最集中，游屐旁有陽溝，矮砌可坐，俯視苔泉，坐納涼風，延抱明月。

二、沿江有梅數行，春初花繁，香氣遠播。

三、為經飛泉入乳花洞，嘉樹盤根，鐘乳肖物，傴僂而入，一進再進，夏日陰森，冬日和暖。游者以攜女伴為常，並肩細語，挽臂入林，對江互唱，隔樹相呼，不必絕豔，已足賞羨。偶有珠聯璧合者，遇到更易感到好山好水正為此輩而設，非為旅行隊參觀團粗腳大手之人而設，但團隊中亦有秀慧絕倫者，於風景佳處必有會心，余所不及知耳。

溫塘分內外池，內池專供女賓，外池分室兩行，靠游泳池者舊建，對面一行新建。新建者略小，舊件者水唧塞寬鬆，泉水過熱，冷水非易得，偶或放走溫水，在池便感困厄。水門汀池，池身、池邊及坐椅均嫌狹小，大概溫塘之浴池以寬大得容二人以上為合式，池宜備寬邊，俾浴者坐起行走，儻狹窄如家庭之衛生設備，衛生設備而毫無寬裕地段，一如租賃式衖堂房子，名為衛生設備而不合工程上之設計尺度者，便感覺毫無趣味，此為北溫塘所應改良者一。

六月初二日

　　在孤兒的急急跳躍的心房上，六月初二日是最深裂的一條傷痕，這一日是我慈親的死忌，民國十六年六月初二日。

任炳元，貴陽飛雲路聯勤總部。

徐公肅，上海郵政信箱七二九號，華夏圖書出版公司。

陳如水（余為改如獬），湖南耒陽牌樓下憲兵學校軍
　　　　訓班。

凌燕謀，太倉南門大街九十二號。

顧純一，蘇州鳳凰街孔副司巷五號。

楊炳炎，南京外交部對面新華大樓農村復興委員會。
　　　　北大政治系畢業，北大同學會件及蔡先生追悼
　　　　會件德祿寄交。

許玉贊，四川南路（二馬路、三馬路之間）聯合大廈
　　　　四樓中興公司。

徐兆魁、于文樹，狄思威路庫倫路瑞康里 186 號。

徐玉英，公平路 302 弄三號。

徐思防，廣州太平南路廣信大廈五樓中央航空公司，
　　　　西關華貴路厚福大街正文樓七號。

黃少谷，上海霞飛路愛棠路底國泰新村二十九號，六
　　　　八三九八。南京沈舉人巷六十二號，二三〇
　　　　五七。

林潤澤等二月四日舟山輪船公司赴福州。

1月26日至2月9日

二十二年　再廣州

余於三十八年一月二十六日晚搭下關京滬臥車赴上
海，二十七日竟日在車箱，入夜十時始抵北站下車，失
公文包一隻，內貯林其華所贈狄膺石章、金圓卷三萬
元。到奐甥處，井蓮弟婦已睡。廿八日搭滬太車赴沙
溪，在黃耀坤家飯，龔炯、黃邁修送至龔家墳堂，余步
行至歸莊，宿安廬。廿九晨，陰曆元旦，坐小網船走葑
溪歸璜，贈船娘二各酥糖、蔴餅廿。歸家拜祖容，二房
真容移南京，三房真容二十六年在宣城遺失，大房新五
代圖亦遺失，幸余所藏舊者尚存。三十日心俠留飲，余
先在君粹家飲陳酒，酒後流涕。二月一日拜別先祖及父
塋墓，到許家、唐家、戴家飯。二日自沙頭到上海，參
與炳弟生日。三日穎姊到滬送行。

余於三日同炳弟訪謁稚暉師，知中央信託局雇船至
廣州，余表示意欲附搭。四日晨，陳凌海來關照，船名
海平，停楊樹浦黃浦碼頭，為覓票，得統艙位，並為運
行李往。午飯後，穎姊、炳、錫二弟、奐甥、瀚姪、
延吉姪坐吉卜車送余至碼頭，知船正裝貨，須五日晨方
開，於是至許昌路公大廚房，錫弟之分級室及趙積延在
焉。是晚同姊宿積延家，夜飯後同高越天之子及積延往
探船。

五日八時上船，知統艙位在甲板下，余與凌海及黎
象武及其夫人何衡與黃有成占梯口一角。黃君，德榮之
佺，有帆布床，餘人則否。九時開船，出吳淞口外，於
白龍港見江亞煙囱，判斷失事原因為定期性炸彈。晚過

舟山群島，有浪，六號晨過溫州洋面，七日下午過廈門海面。八日上午過汕頭，下午泊香港後山。九日晨過虎門，十一時泊黃埔，遇黃興貨船。李曉生先生派堂弟李千里君來迎，坐舢舨至魚珠雁，汽車運行李，由東關入城，到西華二巷四十二號世界社暫託。晤李書華先生，即到城隍廟廿二號寧昌食鹽焗雞而飯。

在海平船所遇之人

張錫康，海平船長，崇明人，談崇明船主之最早者為陳幹青，提攜後輩甚力，今為公斷委員。公斷委員另有公斷委員一人，金姓。

孫俊（秀武），方子樵姨妹，適博山李向采，李青選之堂叔，中央信託局人事科，沙面復興路三號。花岩與膺打牌。

曹薰，曹浩森女，適何道岑。

王文宣，立法委員王德箴之父。

黃有成，惠福東路鹽運西一巷十六號樓下。

黎象武，武宣人，廣西大學卒業，娶何衡（懷寧人），廣州德政北路六十一號，邵興漢處，武宣南門外黎源利。

滕珂（鳴一），中央信託局專員。

周頌西，香港干諾道西十五號香港招商局，電報掛號二一五六。於頌西處得悉，世安易名周魯伯，住香港大坑福勤道五號，佩箴同住，又銅鑼灣華都飯店 210 號。又云秦待時亦在香港，15 Connaught Road, Tel. 34030。

徐賢樂，女，無錫人，購料處技士。

　　黎象武人頗樸實，妻何衡健誠坦白，與余統艙一起
覓水同食，極為相得，陳凌海亦能幹，余在統艙比上等
艙寬適。

二月九日上午十一時到廣州，在中國銀行識

沈湘之，川沙人，任之先生表弟，中國銀行文書處副
　　　　　主任。

徐厚昌，休寧人，出納主任。

郭誠植，襄理。

黃志騰，大埔人，太平路主任。

陳嘉彥，中山人。

趙季傑，白雲機場機航組。

張振序，太倉同鄉，長堤路一二五號，新中華刀剪廠。

楊永福，另有一張。

李家賢，十三行十八號上海銀行。

李漢魂（伯豪），東山新河浦路二十號，電話七〇二
　　　　　〇一。

吳士超，中華北路 225 號協英幼稚園內。

徐思防，西關華貴路厚福六街正文樓七號。

丘譽（與言），廣州東山新河浦路八號，電話七〇一
　　　　　二八號。

馬耐園，寶源路 107 號，電話一七六三〇。

王曼波，惠愛西路一九八號三樓，一四七三五，市黨部
　　　　　總務組長。

朱人義，浩生女。

周思信，寶山人，中央航空公司。

黃文山，梅花村二十七號，70084。

陸幼剛，梅花村十九號，70005。

李伯豪，東山新河浦路二十號，70201。

祝秀俠，中華中路雲台里三十一號，11309。

陳伯南，梅花村三十二號，70141、70131，約二月二十
　　　　五日晚飯。

李揚敬，梅花村三十五號。

劉懋初，蓬萊正街二十八號，14153。

譚龍沾，廣州官祿路二號之三，三樓，香港乍畏街（靠
　　　　西環）一○九號廣隆中藥鋪。

羅香林（元一），德宣東路太華坊四十五號之一，一
　　　　五○二六。

陳昆年，沙面外交部。

2 月 17 日

　　中午得炳弟轉來二月五日王頌平書，公望乳母周何
小妹（乳名愛荷，阿錫之妹）於二月四日上午到太倉公
醫院診視，查腿骨酸痛係痳質斯，並在右側乳部生一
癌腫，右腋下亦生一子癌，病情隱劣。

趙光禎，鐵橋幼子，已考取聖約翰大學經濟系。

顧雲長，蘇州學士街五十八號。

章鶴年，蘇州木瀆西街新天興號對面。

唐亮，龍津中路帶河路口珠秀坊入去，康王上街十八號。

李文範集宋人句輓季陶先生

高居大士是龍象（黃庭堅），

茂德元勳在鼎彝（王安石）。

余為中央執監會輓季陶先生

沉哀瀰六合，抱道殉中山。

伍伯良，先烈路伍漢持醫院。

伍智梅，倉邊路圖強醫院內，13673。

陳惠夫，交通銀行總管理處專員。

水祥雲，惠福西路民星新街二號二樓。

彭精一，沙面肇和路六十七號，一一六二八。

2月19日

中午康王上街唐劭明家初食番葛，種來自洋舶，根大如盤，可生食。

錢荔浦，盆福路盤福後街十三號。

楊春旭，杭州中山路五百十三號，浙江省政府統計處。

張福，興寧人，興寧永和圩大成社，四十二歲。

好小瘦鬼黑（粵女），冷硬生淡腥（粵菜）。

李鴻業，福豫棉業公司。

張華穆，德政北路薛主席官舍，17805。

陳秉鐸（子木），廣州市財政局長。

張雲（子春），東山合羣三馬路二十八號以下之四號門
　　　　　　　牌祺園，70130。約廿四午飯。

黃廉卿，一、廣州一德中路 210 號黃清河，二、香港德
　　　　輔道西 39 號黃祥豐。

陳本（幹興），廣州中山七路（爛馬路）泮塘陳家祠道
　　　　一號。

吳潤江，十五年曾相遇。一、文明路中山大學南軒林文
　　　　錚（蔡威廉婿）；二、澳門筷子基北街六十
　　　　三號。

吳鼎新，荔子灣國民大學，字在民。

陳敘經，嶺南大學校長。

朱瑞元，廣州市社會局長。

陳述經，廣東省參議副議長，漢民南路仰忠街三號。

林佑澤（伯羣），潮陽人，中華中路陶街三十八號二樓
　　　　　　陳寓，潮陽海門鎮西門瑞生堂內交。

謝玉裁，廣東省黨部副主任委員，東山竹絲崗二馬路
　　　　十七號，70004。

吳逸志，廣州東山達道路十五號湄園。

陳偉烈，汕頭市參議會議長。

邵堯年，嶺南大學農學院教授，植物字典。

黃尊生，石牌中山大學遼河路二十二號。

余潛，巴黎大學政治經濟系及格理農農學院肄業。

李逢生，原澗姪女，福州南後路文儒坊十五號財政部
　　　　國稅署，住在國貨路琯後街閩台新村地字九號
　　　　宿舍。已游于山、烏石山、西湖、城隍廟、科
　　　　學館、省立圖書館。

陳鴻年，常熟城內青果巷四十六號。

王燦芬，文德路六十九號之一，一七九一五。

鄭彥棻，東山百子路東平馬路十一號。

香翰屏，東山美華路晚靜園。

黃枯桐，東山均益路十二號二樓，70013。

李曉生，梅花村二號，70075，長堤大馬路一八五號農
　　　　工銀行，電話一四二四三。

李大超、王孝英，沙面復興路十二號二樓，13772。

王亮疇、謝瀛洲，東皋大道二橫路十二號，70130。

吳康（敬軒），東山龜崗大馬路德安路十二號，又黃花
　　　　崗文化大學，大東門東昌大街廿四號
　　　　二樓。

鄭子展，中華書局。

陳大年。

商承祚。

冼玉清。

陳慕貞，十姑。

李研山，山水人物。

何曼叔，光孝路。

吳鈞鈺，海珠北路九星三巷二號之一，二樓，吳潤江
　　　　弟，香煙商。

3月5日

　　三十八年三月五日，業師蔡子民先生忌日。下午一
點五十五分車，余同陸長恩自廣州車站赴香港，途中口
吟云：

南行漸近先生墓，足展憂傷一片心，
忙殺奔車三月五，越山穿海道彌深。

　　過深圳墟之後一小溪（此為深圳河，一八九八展址至此），溪南北國旗與英吉利旗對峙，為之驚異。七時至九龍渡海，乘汽車至跑馬道盡處，上奕蔭街三十四號三樓王豐穀寓所宿。

國民日報，告士打道六十四、六十五號，二〇八四八、
　　　　二〇八四九、二〇八五一。
港澳總支部，公主行三樓，二七六四二、二八六四二、
　　　　二七六五二，書記長黃令駒。
香港支部，玻璃街一號，二六七七七。
九港支部，太平道十一號，五九〇貳二。
南海紡織公司，荃灣，五九一七五、五九一七六、五九
　　　　一七七。
徐應昶，商務印書館副理、香港分局經理。
李孤帆，香港北角繼園臺七號。

3 月 6 日

　　晨同王豐穀到世界服務社，在恩豪酒店四十五號。出，在中國航空公司遇陳伯莊，伊方覓飛機位赴上海。余為訪蔡先生墳地，到李孤帆家詢問，遇徐應昶夫婦。下午三時，徐、李來，同乘汽車到薄扶林道華人□□墳場，在蔡先生墳前獻花圈鞠躬。到墓時有永別亭，墓碑為蔡子民先生之墓，係葉恭綽所書。下山到淺水灣休息飲茶，紅棉盛開，海潮拍岸，頗為美麗。歸，車過大坑道福勤路五號，訪周世安，未見，見其夫人及一老太太，疑為栢年先生之母。歸寓，又同長恩到三環購什物。

3月7日

晨購物，同周魯伯、余建寅國民飯店飯。午後乘纜車上山，山海景甚佳。

3月8日　晴

晨謁黃任之先生，謂黨之狹小自用人先用黨員，裁員先裁非黨員始。又曰以甲制乙，以乙制丙之法，雖若指揮裕如，實足取消共信、減少互信。出，至天后廟街訪潘公弼，談國民日報之所以失敗種種。

十一時同王豐穀、陸長恩、樊炳炎、王慕維、劉同繹、李芳菲、朱世彰、王樸、周小姐、王丹鳳及其母，自九龍坐車至大埔南園飯，吃木瓜。飯後到綠野別墅康樂園，又參觀元朗街市，最後至青山寺對岸容龍別墅茶，面山（背山）對海，並望珠門，勝景也。自荃灣回經南海紡織公司時，望薛興善、王延齡兩生。夜未出。

3月9日　晴

晨與公弼談港報各況，又到港澳總支部訪黃名駒。下午在文園晤秦待時，既而世安來，邀往劉太太寓小坐。歸福勤道夜飯，伯年母沈姓，年九十三，兩耳特大，壽徵也。世安夫人，金壇白塔人。

3月10日　雨

晨游筲箕灣，購膠鞋、洋傘。回，同世安到六國飯店與陳芷汀談，遇沈慧蓮。又往訪張淡士，伊中風已九年，不能起床。在伊處知龐萊臣兩星期前作古，將全部

書畫捐獻國家。中午同秦待時飯，飯後再茶譚。夜，樊君、劉君夫婦來打牌，余小勝。

3月11日　雨晴霧

晨往赤柱，與鎬君遇於學校，同往村上一游，夫人留飲咖啡。中午張劍鳴約往大同飯店，遇南社陳君付帳。下午購物，取得民生公司石門輪船。

3月12日

晨出購物，夜乘民生公司石門輪返穗，頭等艙，與長恩對床。長恩浴後云水鹹，乃海水也。

3月17日　陰

晨陳德英（慰農遺女）來謀財政部復職，余為作書汪子年，未得覆。

早粥後，余攜衣料三段、毛背心一件、海味二包，託水祥雲兄覓便寄滬交錫弟。九時常會，岳軍先生主席。四時中央黨部在迎賓館招待立、監委員。

有卞孝宣為其節母壽，自揚州致余書求詩，近移廈門，再來書催索，應以絕句云：

課兒識字己不識，轉學於人乃課兒，
苦節辛勤天感動，錫萱榮壽富文辭。

潘衍興（飛熊），西公廨。

鄭炳忠（孝則），廣州市銀行總經理，市行電一七九九
　　　　　　八，住宅一〇四八五。
崔龍文（孟虬），小北路一〇五號。
施蒙，長堤永安堂五樓五〇八室。順德容奇桂洲桂路下
　　街中蠶公司廣東育蠶指導總所。
李曼瑰，豐寧路三十六號三樓。
葉吳孟芙，上海紹興路九十八號。

3月18日　晴

　　晨寄白上之致彭石年書，與綴英為二泉求復蕪湖中
國銀行職，萬一不可，請允振素往。午周頌西到南堤中
央黨部訪余，同到城隍廟寧昌飯。余昨夜在中國銀行與
奐甥書，附去致公望書，望其振作完成學業。又致寧馨
書，勖其以畢業為重，初出任事，宜謹慎精密，防弊防
詐，勿謂主義下無壞人也。

王瑜，東華西新街三號，王璞之兄。
唐樹華，唐劭明弟，小木工。
徐應昶，香港大道中三十五號。
朱經農，Mr. King Chu, 3302, Third Ave. West, Seattle,
　　　　99 Washington, U.S.A.。
謝洪疇，漢民北路二三九號，中農南關辦事處主任。
梁錫孫，佛山中國農民銀行會計。
陸之鎬，九龍加厘威道二十五號一樓，陸寶瑛在彼。
袁永錫，廣衛路華甯里七十一號二〇八室。
中興棉業公司，太平南路一五四號二樓，六七五二。

　　增城掛綠，現日祇有數株，東莞產桂味、糯米茨亦佳。

　　東莞之得名，縣在省城之東，地產莞草。

　　順德縣城大良原為太艮，土人誤移一點往下（羅君說）。

朱紹良，字一民。

韓同，字叔和。

四星合曰昌，五星合曰祥。

粵諺

雲蓋大雁嶺，蓑衣披上頸。

雷打驚蟄前，荒岡好做田，雷打驚蟄節，二月雨不歇。

夏至有雷，三日一回。

先雷後雨弗濕地，先雨後雷無處避。

春霧晴，秋霧雨。

春寒雨至，冬雨汗流。

立夏吹北風，十口魚塘九口空。

立秋有雨秋秋有，立秋無雨甚擔憂。

未食五月糉，寒衣不敢送。

大暑涼，餓斷腸。

冬在月頭，賣了錦被買黃牛；冬在月尾，賣了黃牛買錦被。

一朝大霧三朝風，三朝大霧冷彎躬（志作攣躬）。

爺娘養子秋過秋，子養爺娘計日頭。

元宵燈散罷，男兒思路女思麻（思上路做工作也）。
耕田養豬，教子讀書，折本要做。

從化：宏治初，蠻首譚觀福作亂，既討平，立從化縣，
　　　治於上游。
九曜石：在藥洲旁，南漢劉龑使罪人移自太湖靈璧，
　　　浮海而至者。石凡九，高八、九尺或丈餘，嵌
　　　崟岫兀，翠潤靈瓏，望之若崩雲，既墜復屹，
　　　上多宋人銘刻。一石上有掌跡，長尺二寸，旁
　　　有米元章詩。一石白色中空，一圓石為頂，若
　　　牛頭，大可五尺，身中直通至頂，四旁有十餘
　　　寶相穿，有刻詩絕句一首，一石通身有小孔，
　　　如水泡沫。一石獨大，合三石為之，下有數
　　　萌，長三尺許，瑳玕如雪。余經祝秀俠、劉萬
　　　石招九曜園飲，僅得見方塘中一石上有刻字，
　　　旁屋刻翁方綱、錢儀吉記碑及廣東學正題名，
　　　此外圍城嵌碑甚多，余未及細閱。
韋姓：韓信有後於廣南，當鐘室難作，有客匿其三歲兒
　　　投蕭何，何曰中國不可久矣，我當託之南越趙
　　　佗，去韓之半為姓，今韋氏者，韓之後也。

　　魏莊渠校視學粵中，惡佛氏，捶碎曹溪之鉢。
　　余於沅水詩有逆水撐舟之比，時觸怒汪逆精衛，有
託而言也。
　　南海縣志雜錄載：羅蘿村為穆彰阿、潘世恩所拔，
例得執弟子禮。蘿贄謁潘而不及穆，穆銜之，屢思中

傷。蘿村南歸，作詩云：「漫道急流能勇退，得歸一棹喜翩然，誰知寸寸竿頭刀，逆水撐船已廿年。」前人已先我用之矣。前後竟歷廿年，蘿村忍耐功夫可佩。

3月19日

余於十九日下午五時獨至九曜園觀碑刻，見翁方綱前後九曜石歌約十餘方。後歌幾將宋人題名刻字悉載注，有得之榕根水際者，拓撫困難可知。又有覆刻周敦頤題名、米黻元章題名及大字藥洲二字，最後為徐□記，係蘇州謝梅谷年六十一所刻。

藥洲宋時在水際，游客多載舟來玩，石之有名者曰仙掌，現唯見三石刻字皆滿。

廖燕九曜石記

南漢劉龑據粵時，鑿西湖百餘丈，取太湖及三江所產佳石，實其中歲。癸亥余得其處，曰流水井，或曰即古藥洲也。石臥其側，數之得十有九塊，蓋因斷壞過半，遂溢其數。曾見一石玲瓏完好，視其文則九曜第一石。又有一石缺壞倒地，上有五指痕，號仙掌云。

田古方，瀏陽和豐鄉人，三十七年十一月返鄉，言無事可為，無以為生。士農工商生活皆感困難，教員多而學校少，學校單級小學為民元初建，今校具破壞，毫無增進。田姓校田氏子孫能任教者多，則田氏校不延田姓師，任其向外發展，亦有他族取輪班制者。至教員之為鄉、鎮長，或謝退地方公職後仍為教員，幾可與學

而優則仕，仕而優則學同譬，此士之弊也。農則困於工
役、兵役，小農所收穀不能敷一年之支出。工如成衣
工，日穀六升，月為一石八斗，水米近日八升，月為二
石八，然除去工具費及食量較大，仍與成衣類似。商則
大規模用人，有開費之店不能贏餘，走單幫者其初甚得
利，今火車輪船價已增，則惟穿軍衣不購票者專單幫之
利，此工、農、商之困也。婦女仍多產而不育，嬰死最
普通者為臍風，俗謂有鬼癆疾，則以為有鬼癆作，可入
廟避之，癆不已，可解褲帶或是足帶繫於樹身或樹枝以
寄，某廟之樹繫帶累累。婚喪則費用甚大，喪事喪主無
權節約，有讀書人來助喪禮（湘俗諺云：人死飯甑開，
不請自會來），此等人若牧師又似道士，專門執行繁文
縟節，有因而傾其家，一生不能復者。古方為之語曰，
徽國文公朱夫子，制為喪禮禍古今（禍本作宜字）。此
皆陋俗之宜革者。

遊黃埔記

　　黃埔軍校舊屋遭日人炸燬者過半，受降後就其址設
中正中學，今年二月陸軍大學遷回，給資令中學他遷。
李君康五在大學任職員，約余以休沐日往游。自魚珠
渡江遇駕娘，為二月九日曾載余之兩姊妹。自中碼頭
上，康五來迎，先經過舊為俱樂部之大禮堂，屋頂鋼骨
架及周牆尚存，四周植樹有欹倒者，斫後留根株者，其
存者已長大。木棉二、三株，疏枝著疏花，有二株得綠
樹作襯，精神較王，左一株特紅。堂後倚山之洋樓多浪
敗，過山繞前至江岸，海軍倉儲有一、二處岸停破船，

職員住焉。越小溪二，一架危橋板漏梁鬆，一橋已坍至溪底，支跳板以渡，走跳板比危橋心較穩也。地名平岡有何仙姑廟，近廟處有市街，再行數十步為東征軍烈士墓，臨江豎巨坊，上刻「東征陣亡烈士之墓」篆書，款署「蔣中正」。過坊地形不整齊，仍砌三橋，自橋塊起，坡漸轉漸高，榕、桉、檳榔、西柳之屬，交蔭接葉。左行有榕一株，垂氣根已自地起，上細下粗，若架木支之者，過者多駐視焉。再上為祭壇、為方城、為凱旋門，左右兩梯可登門，樓上拱牆嵌紀念碑，自門樓望豐碑列塚數十堆，所埋皆烈士骨。惠州之役為國民革命軍發軔之捷，自此摧枯拉朽以一天下，遭日人之掠，而黃埔之建築毀滅頹廢，遭徐宿戰敗，而惠州之勳光亦為黯淡，後之人將何以不負前死之烈。展謁之際，悽愴於懷，興亡之感，不僅霜露之悲矣。歸途過總理銅像，磴高像小，與功業不稱。過李康五寓飯，李寓新移日人所建屋，李暫佔浴室。飯後渡江，仍自魚珠乘車返。百子路省參議會前為舊中央黨部，與金天賜、楊蓁別至文德路，與田古方別。金、楊、田為今日之同游者，來魚珠迎渡李鍾進（康五長子），在寓晉接者李鍾元（康五姪），李鍾逸（康五女），原名鍾桂，在桂林所生，垂兩小髻，頗靈敏，已能招呼應對。康五嫌桂字不雅，余今日為改名鍾逸。

侍堯墀（仲冀），灌雲人，安徽大學教授，仲超任太倉校長時曾任教員。自言本姓侍其，蘇州、南京皆有侍其巷，明太祖令去覆姓，乃姓侍。

左其鵬（翼雲），阜甯人，工商部工業司幫辦。

韓叔和（同），福建莆田縣涵江青璜山涵中中學，台灣
　　　　　　基隆市仁二路和興巷三號，臺灣工程公
　　　　　　司基隆工程處洪德銓君收轉。

陳君樸，廣州文德東路十二號，一二七六六。

馬逸群，懷寧人，伯馬林，克遙聖約翰大學經濟系。

謝哲邦，農行廣州分行副理。

張煦（熙如），農行廣州分行副理。

盧麟昌，農行廣州分行副理。

黃朗如，農行廣州分行副理。三月二十三日晨，余往
　　　　太平路農行晤見。

張子厚，番禺市橋海傍西路七十五號，番禺縣稅捐稽
　　　　徵局。

3月23日　雨、寒冷

　　晨起，何曼叔已候於房門外，同至文德路，余加駝
絨袍，再坐車至太平南路陸羽居，上梯遇張星舫、丁搏
九。星舫年七十，貌視六十。搏九名鵬翥，在湘辦合作
著名，今為修業高級農業職業學校校長，戰時曾同狄昂
人過余重慶管家巷寓樓飯，今為向沙面農業推廣委員會
有事接洽來穗。今番巧遇，談湘西事，今李默庵去職，
宋希濂可往，倘星舫為地方執政，則湘西可為根據地。
又言湖南黨團摩擦，有幾處為亂原，但不為湘西事變之
主要因素。

　　滬太電報掛號，上海五九八九八七，光復路二三五號。

劉舫西，東皋大道二號三樓。

顧國棠、顧國楠，東皋大道智興街三號明園。

3 月 24 日

　　晨到沙面訪孫景陽、錢羽霄，歸途經復興三號中央信託局，晤周頌西、李向采、孫俊、曹薰、李鳳生。又到儲金匯業局晤顧國棠、國楠，值張弓來書求棠為實授□□科長，而局中此科擬裁，因附書勸之曰：「時局危殆，吃飯為難，埋頭工作，不爭名義。」到南堤料理監祕處事，因查陳偉烈案，到梅花村陸幼剛處飯，後同到楊繼曾處談兵工物資之損失及美援之不易。四時到白雲機場迎孫哲生，天寒，外來者衣足禦寒，久住本地之人均受凍，尤以男女傭為甚。歸鳳凰酒店，楊繼曾來答拜，與鄧建侯談，建侯今日與劉志平等自上海來。夜飯後，趙琛夫婦子女來，同乘車至長堤。余到中國銀行同徐迴千飲酒，沈湘之為配紫菜湯。雨濛濛中乘車返店，夜臥頗安。

邵禦之，上海新陸師範學校。

　　偶與沈湘之談嘉定竹刻，湘之出示董其昌筠軒清閟錄及陳繼儒妮古錄。

　　崒嵂，褚遂良湘潭偶題云：「遠山崒嵂翼凝煙」。

　　明太祖極喜顧渚茶，定額貢三十二斤，歲以為常。

嚴器：陸士雲貽兄士衡述視曹操器物書云，嚴器方七、
　　　　八寸，高四寸餘，中無鬲，如吳小人嚴具狀，

刷膩處尚可識，疏枇、剔齒纖綖皆在。

金壇虞公謙，洪武時人，喜寫山水木石，幽澹簡遠，有倪雲林韻致，嗜蓄法書名畫，邂逅所好，輒贈不靳。

梅花道人畫骷髏一軸，其上題曰：漏洩陽春，爹娘搬販，至今未休。吐百種鄉談，千般扭扮，一生人我，幾許機謀。有限光陰，無窮活計，汲汲忙忙作馬牛，何時了。覺來枕上，試聽更籌。古今多少風流，想蠅利蝸名誰到頭。看昨日他非，今朝我是，三回拜相，兩度封侯。採菊籬邊，種瓜圃內，都只到邙山一土丘。惺惺漢，皮囊扯破，便是骷髏。

墨竹：或云李夫人貌，窗上竹影所成。

朱竹：古無所本，宋仲溫在試院卷尾以朱筆掃之，故張伯雨有偶見一枝紅石竹之句，管夫人亦嘗畫懸崖朱竹一枝。

雅宜山

靈巖對植雅宜山，穹林巨石臨蒼灣，
若翁遁跡在其麓，有子讀書長閉關；
松根伏苓煮可握，簷下慈烏不復回，
寫圖愛此錦步障，白雲紅杏春爛斑。

至正乙巳五月廿三日
勾吳倪瓚畫雅宜山齋圖，賦詩以紀歲月

倪雲林畫古潑天然，米癡後一人而已。

趙孟頫三子，長亮、次仲穆、三仲光，號西齋，與顧仲瑛善。

顧信，字善夫，居太倉，善筆札。從趙文敏游，每得文敏書，即鑱諸石，寘一亭中，扁曰墨妙。文敏為其好學，樂為之書，嘗為杭州軍器局提舉。

陳惟允游子手中線一幅畫，夾葉楊柳，柳下駕車欲行，上有雲林書此詩。

玄宰攜示北苑一卷，諦審之，有二姝及鼓瑟吹笙者，有漁人市網漉魚者，玄宰曰瀟湘圖也。蓋取「洞庭張樂地，瀟湘帝子游」二語為境耳。又云余曾遊瀟湘道上，山川奇秀，大都如此圖。而是時方見伯時瀟湘卷，亦復效之作一小幅，今見北苑，乃知伯時雖名家，所乏蒼莽之氣耳。

朱珪，字伯盛，崑山人，師濮陽吳睿大小篆，尤善摹刻，凡吳下碑板多出珪手。然非其人，珪不屑也。又喜刻印章，張伯雨錫之名方寸鐵。所著印方集考不傳，名蹟錄存。性孤潔，不娶終。

繆貞，字仲素，善隸篆真行書，虞山碑刻多貞手蹟，嘗得宋內藏紹興丁巳邵諤所進述古圖硯，因以述古名堂黃晉卿為之記。子侃，字叔正，亦好文（右錄妮古錄卷之一）。

沈石田水墨三檜卷自跋云：虞山至道觀有所謂七星檜者，相傳為梁時物也，今僅存其三，餘則後人補植者，而三株中又有雷震風擘者，尤為傀異，真奇觀也。題詩云「昭明臺下芒鞋緊，虞仲祠前石路迴」云云，成化甲辰人日，沈周。

　　天目道傍崑山石皆有之，蓋崑山天目龍之子也（此節余未得其解）。

香：交趾有密香樹，欲取香伐之，木心與節堅黑沉水者為沉香，與水面平者為雞骨香，其根為黃熟香，其根節輕而大者為馬蹄香。其花不香，成實乃香，為雞舌香（密蒙花）。

　　金顏香乃樹脂，有淡黃色者，有黑色者，劈開雪白者為佳。夾砂田為下，其氣能聚眾香。

　　速暫香出真臘者為上，伐樹去木而取香者，謂之生速，樹仆木腐而香存者，謂之熟速，其樹木之半存，謂之暫香，而黃而熟者，謂之黃熟，通黑者為夾箋。

好：環內之空處名之曰好，玉之圓者為肉，其大者璧也，肉倍於好，孔小而身大。

　　肉好若一謂之環，肉內孔與玉之肉等。

　　好倍肉謂之瑗。

　　半璧謂之璜，稍後名之曰玦。

　　東坡居士有硯銘手跡，或謂居士，吾當往端溪，可為公購硯。居士曰，吾兩手，其一解寫字，而有三硯，何以多為？曰，以備損壞。居士曰，吾手或先硯壞。曰，真手不壞。居士曰，真硯不損。紹聖二年臘月七日。

　　明人有笑送人枇杷誤書琵琶者，聽之無聲，食之有味，自是不可。但樂器琵琶可書作枇杷，漢劉然釋名：枇杷本出胡中，馬上所鼓也，推手前曰枇，引手卻曰杷。

　　靈碧縣兩岸奇石可愛，石產於縣鳳凰山，以大為貴。

　　張可觀與吳仲圭游，故其筆力古勁，無俗弱之氣。
嘗徙居華亭，再徙嘉興，歸寓長洲之周莊卒。
　　常熟顧氏自閩中移荔枝數本，經栽遂活。
對付：意謂想法也。管仲姬平安家書云：「此地若別
　　　　對付錢買了」。

　　元文稱虞集、楊載、范椁、揭奚斯、馬祖常、歐陽
玄、黃潛卿、柳貫、元好問、袁桷、姚燧。
善冶：淮南子云宋人善畫，吳人善冶。冶，賦色也。
　　子昂亭林碑可准李北海麓山帖，麓山自在雲麾娑羅
之上。（以上錄妮古錄）

　　辨玉者以金鐵不入者為真，東坡云，珉之佳者，
金鐵亦不入，必磁鋩不入者乃真玉也，色以紅如雞冠者
為最。
　　古人作事精緻，不吝工夫，非若後世賤丈夫苟且成
事，故古銅器必款細如髮而勻整分曉，無纖毫模糊，其
識文筆畫宛宛如仰瓦而深淺如一，亦明淨分曉，無纖毫
模糊。
　　三代秦漢人製玉，古雅不煩，無意肖形，而物趣自
異。若宋人製玉，則刻意模擬，雖能發古之巧，而古雅
之氣已索然矣。
　　畫有三品，一曰神，二曰妙，三曰精，何謂神？
自然是也。何謂妙？理趣是也。何謂精？工巧是也。
三品外別有逸品，如宋之大小米、元之倪瓚，當在神妙
之間。

歙溪龍尾石，筠軒清閟錄謂居端石之亞。歙縣章生人寧送余龍尾一硯，二十六年十一月在南京遺失。

靈碧石，出虹州靈碧縣，色黑若漆，間有細白紋，如玉扣之聲清越，以利刀刮之而不動者，真也。

崑山石塊愈大，則世愈珍，有雞骨片、胡桃塊二種，惟雞骨片者佳。嘉靖間見一塊高丈許，方七、八尺，下半狀胡桃塊，上片乃雞骨片，色白如玉，玲瓏可愛，雲間一大姓出八十千置之，平生甲觀也。

趙子昂得二琴，一曰大雅，黃玉軫足，一名松雪。其以大雅名堂，松雪名齋，義取諸此。

發墨：發墨謂磨不滑，停墨良久，墨汁發光，如油如
　　　漆，明亮照人。此非墨能如是，乃硯使之然也。
　　　故硯以發墨為上，色次之。

試墨當以發墨硯磨一縷如線而鑑，其光紫光為上，黑光次之，青光又次之，白為下，黯白無光或有雲霞氣為下之下。

米元章云古墨磨之無泡，董元宰釋之云古墨無泡，膠力盡也。

任二北，正南路二號之一，三樓，財政廳後。

硯以端為貴，巖中不論四時，皆為水浸。有眼或紅綠青黃六七暈，中有瞳子如鴝鵒眼者，或六七眼相連，排星斗異形者，或有眼如小綠豆，色純綠而無暈，或有綠條文或有白條文。解之者曰，豎而圓者眼也，橫而長者條紋也。

蜜香紙出大秦，一名香皮紙，微褐色，紋如魚子，極香而堅韌。

　　唐絹粗而厚，宋絹細而薄，元絹與宋絹相似，而稍不勻淨。

　　真古紙色淡而勻淨，無雜潰斜紋皺裂在前。

　　真古紙其表故色，其裡必新，薰紙煙色，或上深下淺，或前深後淺，塵水浸紙，表裡俱透。

　　真古紙試以一角揭起，薄者受糊既多，堅而不裂，厚者糊重紙脆，反破裂。莫舉偽古紙，薄者即裂，厚者性堅韌而不斷。

　　凡法書、名畫、古帖、古琴，至梅月、八月先將收入窄小匣中鎖閉（其匣以杉板為之，內勿漆油糊紙，可免溼黴），以紙四周糊口，勿令通氣，庶不致黴白。過此二候宜置臥室使近人氣，置高閣裨遠地氣乃佳。

　　書畫有賞鑑、好事二家。

敍法帖源委

淳化閣帖：為彙集本之壓卷，即侍書王著摩勒刻板，
　　　　　禁中釐為十卷，卷末有篆題者是也。此帖雖
　　　　　為黃、米掊擊，而今之書家莫不祖之。其
　　　　　澄心堂紙、李延珪墨，而無銀錠紋者，初榻
　　　　　也，絕不易見。董其昌止見第七卷、第十卷
　　　　　二冊，字法、搨法精神極勝。有銀錠文者，
　　　　　有墨淡墨濃之分，而墨濃者覺勝。

太清樓帖：次淳化閣一等，王元美指為淳化閣之介弟在
　　　　　也。宋蔡京奉旨模勒歷代真蹟刻石，先後之
　　　　　次與淳化稍異，而參入他奇蹟甚多，中有蘭
　　　　　亭序末題云云，亦京書也。而以建中靖國續

　　　　　帖十卷，易去歲月名銜以為續帖，又刻孫過
　　　　　庭書譜，而貞觀十七帖，總二十二卷，刻手
　　　　　極精，名大觀太清樓帖。

絳帖：為淳化之嫡子（淳化五年刻），亦王元美云。尚
　　　書郎潘思旦以官帖摹刻於石而增入別帖，微與淳
　　　化不同而實則祖之，計二十卷，精神尤勝。後潘氏
　　　析居，分而為二，絳州公庫得其一，補刻餘帖，
　　　名東庫本，逐卷逐段，各分字號，以日、月、光、
　　　天、德二十字為次序。後避完顏亮諱，于庚亮帖
　　　內亮字皆去右邊轉筆，謂之亮字不全本。

潭帖：僧希白所摹，以淳化為主，而增入霜寒十七日、
　　　王濛、顏真卿法帖，字行頗高，有江左風味。希
　　　白工於摹字，拙於尋行數墨，文理錯謬難續，然
　　　風韻和雅，骨肉停勻。東坡推其有晉人風度，
　　　勝於閣帖。趙希鵠亦推其當與舊絳帖雁行也。

二王帖：宋許提舉刻於臨江，摹勒極精。

修內司本：淳熙年刻，自絳帖至此又次之。

昇帖元：後主命徐鉉以所藏法帖勒石，在淳化前，一
　　　　名淳化祖石刻。

祕閣續帖：元祐中以淳化帖外續所得真蹟摹勒上石，
　　　　　名曰續帖。

淳熙祕閣續帖：高宗訪求遺書，多得晉唐真蹟，至淳熙
　　　　　　　間摹勒入石，置祕書省，亦名續帖。

戲魚堂帖：劉次莊摹閣帖於臨江，除去篆題年月而增入
　　　　　釋文，用工精緻，極有骨格。

武岡帖：即武岡軍重摹絳帖。

蔡州帖：上蔡人臨摹絳帖上十卷，迴出臨江之上者。

星鳳樓帖：趙彥約刻於南康，曹士冕重摹於南宋，趙刻
　　　　　精善不苟，曹刻清而不濃。

甲秀堂帖：宋廬江李氏刻，前有王、顏書多諸帖未見，
　　　　　後有宋人書，石今不存（陳澧云出於絳帖）。

黔江帖：黔人秦世章所刻，即僧寶月古法帖十卷。

泉帖：泉州重摹閣帖，頗逼真。

羣玉堂帖：宋韓侂冑刻，所載前人遺蹟最多，後有宋
　　　　　人書。

家塾帖：薛紹彭刻。

寶晉齋帖：曹之格日新刻。

雪谿堂帖：王庭筠刻。

以上皆灼灼有名（錄董香光筠軒清閟錄）。

奚劍星，東海實業公司，現在黃埔。

狄福萃，滬杭線莘莊鎮中市大豐號內莘莊林場，主人
　　　　張守成。

唐紹銘，沙面復興路十號，江門僑務局局長。

宋昂千，上海陝西南路二二三號。

陳濟年，杭州淳佑橋東弄二十六號。

寧馨，北平崇文門外大街十六號，北平第十區。寧馨三
　　　月八日信：兒因感過去所學多不切用，將來學制
　　　改革尚須時日，故決心暫時休學參加社會工作，
　　　現在北平第十區和二、三十清華同學在一起工
　　　作，離校一月，同學都說長胖了，生活和思想也
　　　都有些進步。又說公望已購小照相機，其生活火

食由政府照顧，積蓄尚豐，生活轉好，其他方面
的學習亦很加油，在健康和智力進步上都有很大
進展，對自己管理上較前也有長足進步。

狄原沚，上海培福里一號務本市立女中。三月廿九日
來書，述廿八日二伯伯自璜到滬，氣色甚佳，
飯進兩碗，乳房雖比一月以前稍為隆起，但腋
下淋巴腺不腫，決非癌腫。二十九日父親陪二
伯伯到紅十字會醫院找外科主任崔以禮，診斷
為腺腫，重按之有液體排出，決非癌腫，二乳
均隆起，更非癌腫。經照 X 光，左肺尖有老
疤，不妨事。

王豐穀，上海馬浪路西成里二十五號。

李向采，寶華路存善北街七號三號，靠橋停車西街之後。

李菁（永籟），梧州大南路馬黃街梧州警察局，黎象武
之同鄉同學。

胡篤琇，湖南長沙。

狄福萃四月二日來書云，萃莊農場為有行道樹、觀賞
樹、苗花園、農作物、蔬菜之混和場，共四、五十畝。
現播種枸桔已完，扦插法國梧桐、美國白楊已完，移植
女貞、側柏、千頭柏等等亦剛完畢，以後為種西瓜、番
茄，種黃豆甚至薄荷，並擬栽培核桃、銀杏、葡萄等。

蕭錫三，德政北路禺西二路四號三樓。

朱粹公，常熟西門大街一三四號。

周孝侯先生，嘉定東門內。

俞介禧，嘉定城內北大街一百七十七號，上海安慶路
　　　　祥新里四號樓上。
顧蔚雲，上海新閘路培明女中。
孫宏幹，行政院第四組。
朱育參，台北樺山町鐵路局貨運服務所。
陳衡齋，漢口民生路方正里四十八號，住漢口武聖廟怡
　　　　怡里六號。海珠中路 203 號二樓賀寓。
□昌維，廣州河南基路基立村中街一號二樓。四月十三
　　　　日在南堤相遇。

4 月 12 日
紀夢

　　四月十二日夜，歐陽駒招飲廣州市迎賓館，余飲白
蘭地數盃未醺。歸鳳凰旅店，夜半不能成寐，思得「修
辭立其誠」之反釋，謂不盡相識之人欲表達其誠，措詞
不得免於過火，男女相愛之指天誓日然，漢文之稱側
室之子，南越王乃報以臣陀，亦然。舉以解李代總統電
毛澤東自承戰犯，刀鋸鼎鑊在所不辭，無非欲達謀和之
誠意而已，擬以此意於詰朝向立法院同仁發之。久之又
入睡，得夢恍惚，父大人先卒，余忽得祖母舅徐心畬公
之死耗，余有感於童時之苦況，號哭而醒，天已明矣。
蓋心畬公營徐洪順米行，每除夕催先君償米欠，先君無
錢，則令書券二分息，借款為朱方庭娘子之私房，公
之所歡耶。欠既償，則轉得米五斗，先君償高息，益
貧，歲以為常，益困。及祖母病歿，公來探喪，先君
跽於地，公賻小銀元一百角出，語人云：「已賻一百

角」，或有人云：「甥貧而舅富，所喪者為妹，一百角不多。」此等事先君所不言，余自幼痛之，發之於夢寐，率直記之，並函告穎姊與諸弟。此類深刻印像歷久不忘，故吾姊弟對待後輩宜寬厚和平，發之於言，見之於事，皆宜慎之也。

得震弟三月十一日、炳弟四月十日夜、錫弟四月十日、靈巖姪女四月三日書，同時收到，樂哉。

震弟寄來念遠詩云：

屋是主人人是客，問誰看透此中情，
民間凋敝於今苦，天下興亡自古爭；
拙婦忙多為弱息，病魔喞接悔餘生，
春光不減當年好，獨酌樓頭念遠行。

穗城入雨季，吟一絕句在迎賓館審查會席上，旁坐為陳慶雲，玻璃窗外大雨正淋漓也。

一夜無眠聽雨聲，三餐前後望天晴，
衝階忽又傾盆雨，不許霉苔石上生。

震弟又云：程渭生，先君夏駕橋舊交，無疾而逝，年□十。

張丹如、張佑生，杭州膺白路綠楊新村一弄兩號。
郁寶美，丕武次女，適張世傑，丕武住瀏河北市稍。
郁寶智，丕武三女，適王祖龍。

嶺東財政廳前寧昌有豆沙肉。

徐竹若，城隍廟社會部。女徐寧，朝大法律系畢業，婿
馬然（藜青），漢民北路二百七十三啟明書局
樓上，外孫馬元。

陳凌海，東山執信南路三十三號第四宅二樓。

鍾斌（堅忍），東皋大道義興園二號二樓。

得四月十三日萃弟書，伊於六日經浮橋返璜，滬太
路查了三次，浮至璜步行，沿途有兒童隊及民兵盤查。
璜涇一切尚安定，每晚出人戍守江邊口子。余西宅各樹
均好，櫻花正盛開。先考墓安，震弟婦蔣氏墳加泥七箕
子，較前為大。

謝澄平，農林署長。

得張毓書四月七日書，南京李家苑十三號宅中芍藥
有花數朵，牡丹一朵，鐵樹皆好，羅松已發新條。

朱天奇，南京東剪子巷十二號。

4月15日

雨夜為聞葉北平將以二十日赴香港，二十八日搭
船赴英任武官，余驅車赴新河浦路八號丘與言宅訪之，
值北平夫婦有部中人餞行，未遇。與與言談故事數則
如下：

（一）邱姓割耳朵：廣東多丘姓，與姓邱者實一族，某年
宗祠議，嗣後一律姓丘，邱銑在上海首遵此議。

（二）百舉得二百：林百舉（一厂）初進江蘇省政府，
　　　適祕書科長無缺，暫任黨務股長，月支薪二百
　　　元。某日在鬥雞閘，丘心榮宴請葉楚傖、邵力
　　　子、丘與言、柳亞子皆在。亞子不滿楚傖安頓一
　　　厂祇股長月薪二百，楚答新來無他懸缺，已關照
　　　會計周仁卿，一厂可自由借支。亞子意未釋，靳
　　　靳然欲再有言。與言解之曰，股長係暫局，支
　　　二百元殆天定，古語有云一舉兩得，百舉合得
　　　二百。眾一笑而罷。

（三）兩百分：涂演凡民元與葉楚傖同為姚雨平粵軍北
　　　伐軍祕書，民十六楚傖任江蘇省政府祕書長，思
　　　拔取真才，命國文、黨義各兩題，每類任作一題
　　　為升級考試。涂時為鳳陽關職員，趕至南京與
　　　試，坐後排兼近視，雖准赴黑板前錄諸題，未
　　　見作一題可完卷之小註。入晚楚傖親閱卷，每題
　　　全合者批五十分，命黃傳璞加總數疊先後。首卷
　　　總數為兩百分，乃演凡卷四題全作。涂乃供職蘇
　　　省府，絕不言民元事。一日楚傖見民元北伐軍照
　　　片，頓憶前事，往謝涂並致歉，並遇人云黨人之
　　　售真才，不樂倖進，有如此者。

（四）兩章桐：江蘇省政府成立之初，南京人以其為省
　　　長衙門之改稱，頗知尊敬，傳達以送達任命狀為
　　　美差。章警秋桐（為章梓木良弟，留學日本時因
　　　腳瘍刖右足，有人傳其為革命而獨足，非是也）
　　　因吳稚暉先生介，得通過為省政府祕書，通過日
　　　即露消息於報端，時大倉園江蘇省黨部職員中有

常州人字曼倩者，亦同姓名為章桐，得消息受眾
賀。翌朝得傳達誤送之任命狀，捧之而喜，待五
日知無其他人報到，乃入省政府。時祕書長葉
楚傖為料理民國日報事赴上海，代其職者為何玉
書，不識警秋。曼倩到即令擬某種條例，其人繳
卷第一條書照得等字樣，同室者訝焉。後數日楚
歸，何白祕書章桐已到差，楚方除眼鏡，以巾拭
面，斜睨旁坐之章祕書，即問其人一足廢乎？方
知其誤，改正以警秋為祕書，曼倩為辦事員。曼
倩任未久，託故向同事借錢，遂一去不返。

（五）楊非林：楊百里，雲南□□人，總理北伐任師長
陣亡，遺妻郭孟仁為趙丕廉之妻姪，知書，遺腹
生男，命名慰慈。郭後改適福建林某革命同志，
丘銑於穗城遭倭寇轟炸時於林寓見此子，名曰楊
非林。林主席欣聞先烈有後，託丘與言為此子尋
免費學校。與言挈往惠州，撫為己子，用楊慰慈
名入中學，相貌偉然，成績亦佳，不幸染腸炎
殤，與言之母傷之。適有丘姓子願受撫養，乃撫
之為慰慈子。余過與言家，訝其有方十齡之孫，
與言說如此。

（六）未及貢之魚翅：林子超先生任國府主席時函告丘
與言，各省大吏入京與蔣委員長議事，每入覲致
敬，無所款則不情，多所款又過費，乃以一品鍋
賜人，求與言代購魚翅。與言時任惠州區行政長
官，駐惠陽，所屬海陸豐，得魚翅極易，適開區
行政會議，將林主席意與諸縣長言之，頃刻得魚

翅一包。涂演凡書寄，簽有廣東第四區行政督察專員丘譽恭進字樣，以欲請親筆繢一書，遲數日未寄，而邑城陷於日人，此一包魚翅達東京，日文報登載並揭照片，指為貢品。

(七) 木瓜十一枚：李福林果園產大木瓜，送一筐與丘譽，適有穗渝飛機將啟程，運送林主席，未及修書也。主席覆書云，木瓜十一枚非送人之數，審視筐頗留空處，疑有走漏，下次運物應書明箇數。

(八) 丘逢甲：林主席森年二十六在台灣為電報生，喜談革命，主其事者厭之，乃請他往。自陳詞於丘逢甲，往上海求學，增進能力智識，儲為國用。逢甲壯之，助以五十金，乃成行。感念丘逢甲終其身，惜未與逢甲子丘念台（丘琮）遇。

(九) 丘銑：丘銑為黨前輩，林主席任九江關職員，丘已任較高之職。在滬軍及肇和軍艦起義，楊虎、蔣中正、邵元冲皆出其下。林主席及陳其采均曾助以金，自奉甚厚，今仍在上海。

(十) 王灃，字宜園：丘與言任江蘇省政府祕書，以能稱，林主席亦譽其才大而廉。蔣光鼐任福建省政府主席時，林子超方自京回閩侯，有應拔之人開列求為縣長，與言寫單時列王灃，意求子超先生親筆錄之，以便交用。子超先生見王灃名，適恰於心，問與言何以開及王灃？答云先生曾介王灃到江蘇省，未用，江蘇承主席交用者祇此一人，從知王君之賢，得蒙心簡也。單列三人，旋均得

用，子超先生頗喜。

4月17日

閱日本山田次八校點廖燕二十七松堂集十六卷

　　廖燕字柴舟，曲江人，父鵬，字程霄，生萬曆辛亥，卒康熙甲寅，母鄧氏。燕為鵬之長子，以古文詞自命，與侯朝宗、魏冰叔齊名。邵子湘評云，朝宗以氣勝，冰叔以力勝。日本江門塩谷世弘文久二年序二十七松堂集，評云柴舟以才勝。遭甲申之變，築二十七松堂，紙窗土壁，聊蔽風雨。丁巳冬十月復歸，茅屋數椽悉為兵燹所壞，既補葺碎裂，斑駁成痕，與僧衲衣無異，又顏曰衲堂，作衲堂銘。本集之外有別集別記併諸選本共若干卷，自寫亡國之痛，有筆代舌，墨代淚，字代語言，而箋紙代影照等語。字學山谷，李蟠曾於韶州見之。

　　　　四月十七日晨，東山梅花二十五號劉紀文家錄

伍士焜，台灣高雄鳳山中學。

鄧重煌，重耀弟，小北登峰路田心村四號。

張文甲，德軒東路。

南園飲席和羅翼羣花朝韻（次首首四句待改）

乍安鋁壠與雕闌，

猶悸樓崩壓斷垣（原韻為桓字），

狐舞鵑聲筵上變（粵曲多哀音），

堆盤白螘作京觀（仄）（山邱華屋劫中觀）；

能詩休擬南園會，

修講難要北道歡，

苦把行藏問阿七，

笑教重揭舊時竿（阿七，女侍名，姓孔）。

泮溪茶社書懷索曼叔和

為把漪光早半晨，驅車帶雨過龍津，

疏籬花氣勻清座，野水脂痕上角巾；

放犢遙單原惘惘，嗟麟違異竟振振，

多君芳草痴心句，不覺茶釅酌飲頻。

陳贊豪，小北天香街二十二號文化大學城內授課處，

　　　　文大附中。

吳鐵城，東山達道路十一號。

戴奠原，新亞旅館 524 號。

劉紀文，梅花村廿五號，七〇四二。

劉振明，豪賢路萬安南約萬安里22 號樓下，一德西路

　　　　420 號三樓。

涂景元，梁寒操妹婿，越秀北路 162 號彭寓（原為白

　　　　園，張之同常往）。

傅慧智，沙基西後街二十四號之二（三樓）。

　　得四月十八日原澗姪女書，謂四月十五日星期六與
李逢生乘車游鼓山，天氣雖不十分晴朗，卻適宜游山。
曾步行至山頂，入湧泉寺、放生園、喝水巖、更衣亭、
十八洞等地方，看到宋名人如文天祥等題字。

李文範，倉邁路口大塘街七十四號。

譚龍沾，海珠中路官祿路二號之三，三樓。

史尚寬，東山梅花新村三十八號，七○○一九。

王鎧，字鎧安，農行廣州分行經理。

夏小先，沙面，廣東區國稅管理局人事室主任。

孫燕華，財政部鹽務總局，漢民路飛龍酒店 408 號。

沈哲臣，鹽運西一號之一，三樓，電一八一三五。妻楊
穎真，會賓樓（漢民南路）經理，二四九四，
太平沙十四號。

官禕（允之），始興人。

伍士焜，台灣高雄縣立鳳中山學，東山均益路十九號
二樓。

交通部，廣州東山署前路東園內六號轉。

　　自四月二十日起，舊立法院同人擇一名勝地中午茶
會，第一集在九曜園，最好為煎麵。第二集、第三集在
越秀北路一百六十二號彭煥周家，梁寒操妹及妹婿涂景
元寓也。舊為白氏園池館，甚盛，張之洞嘗來游。余題
詩云：

舊家池館綠蔭虧，新竹牆陰發幾枝，
數陣清談數聲鳥，想見南皮凝聽時。

梁君設計吃廣東小食。

第二集，白氏園。煎薄餅、炒沙河粉、炒麵、去濕粥
（茯苓、扁豆、川萆薢、豬苓（朱零）、澤

　　　瀉）、芋干粥、炒飯。

第三集，白氏園。紅豆沙、去濕粥、炒糯米飯、蕎茜
　　　餅、豬腸粉。

第四集，白氏園。炒龍門粉、芋頭糕、馬蹄糕、腐竹
　　　白菓粥、粥腸粉。

第五集，五月十八日，小北藥師禪院。黃木耳、川竹
　　　筍、焦豆腐、冬菇菜薹、素雞、豆皮包冬菇、
　　　羅漢齋、包米湯、粉菓、春捲、腐竹粥。

第六集，五月廿六，白氏園。炒龍門粉、腐竹白果粥、
　　　紅豆沙、荸薺糕、豬腸粉。

陳杭甫，德政中路三十八號後面三樓。

裴漢元，太平路新華旅館 537 號。

狄錫之，上海大世界後菜市街元大蛋行。佩琴肺病已
　　　愈，華聯船到。

曹省之，廣州招商局。

周魯伯，香港干諾道西十五號香港招商局，電報掛號
　　　二一五六。

余又蓀，台北市羅斯福路臺灣大學。

陳仲經，伯稼弟，德宣路兩廣考銓處。

張默君，台北建國北路九十四巷三號。

馬洪煥，文德東路五號二樓。

輓龍文治聯

播遷八載在西川，巨細商量與子共，

搏擊萬里息南冥，飄搖魂魄鑒余悲。

　　香姓自查字改：合浦香翰屏云其上世姓查，宋末有祖為武官在查村，宋亡乃改姓香，僅一筆移動耳。香姓僻少人知，答通俗問，須云香港之香，人始曉然。春秋已有此姓，香車（或作香居）為齊宣王大夫。聽電話易與張誤，五月十三夜北園送菜，誤送至張總司令發奎家，累坐客久等。

　　戴季陶行述：季陶先生行述中，不詳西安事變曾作堅決主張，余疑之。五月十四日在兩廣考銓處問陳伯稼，答謂原稿有之，安國主乙去。季陶先生平居亦言是役中央決策之正，伊所盡力至多，至蔣先生得回南京之後，伊又主澈底消滅共產軍，未蒙採取。伯稼又言勝利後，江南北未靖，戴先生又曾主國民政府勿遽遷回南京。又東北遼闊，以中央少數兵往四散分駐，不如集中遼錦守關，另收拾地方部隊充實三省，皆未採納。余主先生行述中宜添：（一）外交委員會所作判斷；（二）法規整理之用心；（三）對於周官之了解。

　　兩廣考銓處租陳析之金福巷房有白蘭花一株，百年物也。坐樓廊香風陣陣，余頗樂之。鈕惕生先生暨侄長耀分住廊兩端，頗雅致（五月十五日清晨記）。

陸京士，抗日路八十七號通商銀行。

金天賜，上海靖江路三十號。

楊蓁，上海大西路 47 號 A，急救時疫醫院。

劉文島，東山達道西路新慶路三號。

羅立賢，一作礪賢，修仁人，家距城凡百里，地毗傜
　　　　山。十六歲卒業於廣西平樂初中，廿八年卒

業於桂林中學，二十二歲畢業於廣西教育研究
所，三十五年任中山圖書館主任幹事。著越南
民族源流，別吾族南徙：（一）楚國滅亡越國
以前之播遷；（二）越國滅亡以後之播遷；
（三）秦皇統一以後之播遷。自第二至第三，
分五節說：

（一）楚滅越後，百越之流離及其分播。

（二）安陽王國之建立及其滅亡。

（三）安陽王國人種之由來。

（四）秦滅楚後，蜀國後裔再播遷越境及其與
　　　百越之反秦戰爭。

（五）秦國平越後，百越響應中原之反秦戰爭。

任二北，正南路二號之一。

唐希白，從化縣人，和圩天安號收轉。

杜太為，廣州豐寧路一九一號二樓。

何邦瑞，廣州大學教授。

文守仁，字毅遠，新津人。

戴恩沼（玉麟），妻陶，台灣。

諶。

陳素英，上海民德路 159 號。

蒲顯，字君俠，湖南永明縣民智書局轉。

范新瓊，桂林五美路五美巷一號。

劉大悲，台中市省立農學院劉鴻濱特。

中監會，一二四五八。中央祕書處，一四四七七。組
　　　織部，一〇三六一。

6月1日

　　三十八年六月一日為端午，晨監委會常會，處分劉不同等。飯時赴，景薇、長恩皆外出。又往陳行健處，值其須外出應酬，乃同耀甥、錦帆在中華路利口福飯，有鹹蛋，為應時之品。錦帆想吃黃花魚，不能得。夜往東皋大道智興里顧國棠家浴飯，晤儲匯局首席稽核方曙霞（建標），談徐伯莊案：（一）為串通人借貸局分公款；（二）為虛設行號經營違反法令事業；（三）購沖繩島剩餘物資如血漿、蟲油圖利，經美國人抗議；（四）除遠洋公司遠洋船扣抵外，尚空公款二十萬元。

楊子鏡，梵皇渡路 175 弄靜園二十八號徐鉅亨公館。

鄭彥棻，辦公室一八二七〇，寓所七〇四二七、七〇五二七。

羅健飛，住圖書館，香林族姪孫。

張旭曾，文化大學教授，住圖書館。

張允銘。

陳芷町，香港禮頓山道九十五號三樓。

徐景薇、胡福元，交通銀行三樓，電話一八〇三七。

胡光炳，德政南路，廣東省社會處第一育幼院三樓。

李懋寶，東山卹孤院路二十八號，適邵學錕。

黎樾廷，德政北路十七號二樓。

林倫祺，鼎銘子，歿於廣州中央醫院，傷寒。

錢清蓮，九龍新界荃灣芙蓉山前仁祥別墅後太邱第內，廣州文明路中山大學平山堂二一四號，託為錢頌文、涂瀛和謀事。

章鎣祺（汝沐），協和水電工程，廣州太平路一八八
　　　　號，農林下路十橫路口。

章采華，上海狄司威路九〇四弄五號，香港九龍街前
　　　　望道 48 號胡公館胡慧霞。

李永新，台中市西區建國路 118 號。

顧祝同，東山保安前街二十五號。

梁佩芬，文德南路清水濠八十三號。

石文偉，重慶公園路新街七號頓端鎧轉。

徐漢豪，臺北市和平東路一段青田街十二巷一號。

張壽賢，台北和平東路二段安東街四百十八巷七號（三
　　　　路公共車到底）。惠愛西路朝天街惠福小學。

王雅，台北板橋林家花園中央黨部職員宿舍。

謝壽康，新亞三百二十一號，謝建華（旨實）。

劉我英，文德南路 115 號三樓。

朱世彰，香港乍畏街五號。

柳亞子，九龍何文田勝利道七號及十一號。

陸綸，尖沙嘴金瑪利醫院服務部。

樊炳炎，妻王慕維，英王道五十三號。

潘公弼，天后宮街。

錢山（守塘），赤柱聖史蒂芬中學（士提反書院），原
　　　　名拔萃書院。

楊泉清（老董），灣仔華僑中學校。

徐子青，英王道三二六號。張淡士，324 四樓。張鑑民，
　　　　六國 512。

秦待時，香港堅尼地道 90A 地下，二七五九二。

豐華公司廣州辦事處,廣州第十甫 99 號二樓,侯厚吉。

亞東商業銀行,香港德輔道中 167 號三樓,電話三四三〇〇。

祝麟,台北衡陽路 64 號。

卞孝萱,廈門昇平路四十四號轉。

許純,里昂大學法學碩士,求外交部給無期限出國護照,Hsu CHEUN。

姚大海,東山執信南路十號。

何輝雲,漢民北路二六五號,正中書局經理。

朱華(濟華),海珠中路濠畔街二五四號。

陳濤。

王豐穀,香港跑馬道奕蔭街 34 號三樓,32159。電車愉園,公共汽車五路 A。

吳稚暉先生,台北市中正北路大正頂五條通七號。

于占洋,王雅義子。

中國農民銀行董事會,上海中正東路一四二號三樓。

羊城:仙人駕五色羊。續南越志舊說有五仙人乘五色羊執六穗秈而至。

二樵:東樵在惠陽,去省差遠。西樵在南海,有白雲洞,頗多摩崖石刻。石岡接壤西樵,脈連大雁。

封平南王時仍設廣東巡撫:重修張桓侯廟書平南王尚,又書巡撫李棲鳳全銜,可證。

大佛寺:故龍藏寺,南控城垣,北肩拱北樓,後改為巡按公署。康熙三年平南王尚可喜鼎建大佛寺記,記稱順治六年己丑,余受命南征。

華林寺：在廣州西郭，舊稱西來庵，地曰西來初地。
　　　　蕭梁大通元年，達摩尊者自西域航海而來，
　　　　登岸於此，至今三摩地西來古岸遺址猶存。
　　　　盧祖傳燈，曹溪滴水。
懷聖塔：在廣州城中光塔街，上銳外圓，特立十餘丈，
　　　　若華表然（與七級而上六面通門者異），建
　　　　於唐之貞觀。有康熙三十七年鎮守廣東等處
　　　　地方將軍碑記，其時有副都統二人。元至正
　　　　碑謂西天大聖石室之教禮事天，色尚白，蓋
　　　　回教也。

　　光孝寺重建六祖殿宇拜亭碑記云，後魏將末，初祖
傳法於少林，大唐聿興六祖，應懸記於光孝。宋求那跋
陀羅三藏航海到此，創立石碑于戒壇，云後當有肉身菩
薩於此授戒。至梁天監元年，智藥三藏自西竺國來，將
彼土菩提樹一株植之壇畔，亦預誌曰，後一百七十年有
肉身菩薩於此樹下開演上乘。暨唐儀鳳元年，六祖至是
祝髮受戒，此所謂懸記也。

三江：東江源自惠州，迤邐入海。北江自大庾發跡，與
　　　武水合匯於中宿。西江發源夜郎，經流四省，
　　　名曰牂牁江，在廣西有灕江、太江、潯水三支，
　　　至梧則合而匯於肇慶之封川，順流二百餘里以
　　　至羚羊，其勢稍蓄。過此則東接北江，與綏江匯
　　　而為三水，其下分為二條，東南由新會以入海。
光孝寺：為孫吳虞仲翔故宅，種訶子於中，故曰訶林。

自曇摩耶舍、求那羅跋陀二尊者創建道場，名
制止寺，嗣後初祖、六祖後先顯跡。在晉為王
園寺，唐為乾明法信寺，宋改崇明萬壽，尋又
改報恩廣孝，至明成化年間始賜額為光孝寺。
光孝寺與羅浮天峽山福地均嗓名宇內。

鮑姑祠：在粵秀山麓三元宮，姑為晉元帝時南海太守
鮑靚之女，葛仙翁之配，以越岡天產之艾以
灸人身贅瘤，一灸即消除無有。溧陽史巖澤
僑居穗郡，為之建祠。

天后廟：天后向稱天妃，古人帝天后地，以海為妃，天
妃者，水神也。廣輿記則云福建莆田林氏女，
生而神靈，殁後海上祀為天妃。

六榕寺：舊名淨慧寺，梁大同三年曇裕法師奉武帝命
建塔開山，初號寶裝嚴寺，宋端拱二年改淨慧
寺。元祐元年移建寺塔為八觚九級，元荷三
年，蘇軾自海外北歸，與使者程懷立游燕於
此，留「六榕」二字。

廣雅書院：光緒十三年總督張之洞奏設，以經史理文次
第分期，程業不規規於帖括之學。又設廣
雅書局刊群籍，廖廷相總司校讎。廖為廣
雅書院山長，又定學規十條。

廣雅叢書：張之洞督粵，建廣雅書局校刊之書也，總
校為南海廖澤群，多得珍本。迨入民國，
番禺徐紹棨從事清釐，擇其版式一律者凡
一百五十餘種，彙為廣雅叢書，其屬於史學
者，別為史學叢書。

海珠：昔人從異國來，得珠徑寸，舟歸日，珠飛入海，
　　　無所尋覓。是夜此處光怪呈露，因名海珠洲。

雙門大街：廣州雙門鼓樓，一名清海軍門，始葺於宋
　　　　紹興丙子，有鼓樓，成化十年有記。

拱北樓：在布政司署南，即唐之清海樓。

李子長遇雨不趨避：高士李子長舉止雍容，遇雨輒拱手
　　　　　徐行。人曰先生何不趨雨，瀧凍透
　　　　　衣矣。曰前路豈無雨耶？益從容，
　　　　　人皆笑之。此與膺表兄邵南徵久先
　　　　　生所為所言者靡不同。

廣東自來水廠：在恩洲堡西草場，光緒三十二年七月
　　　　　建，越一年而成。

廣東高等大學堂：科舉廢後設在廣雅書院，事在光緒。
　　　　　二十八年吳稚暉先生來創辦是校，旋
　　　　　改為高等學堂。

科場舞弊：大場代買關節，代請鎗替，以求倖獲，小
　　　　試則有禁蟹扛雞之目。

（一）禁蟹：其素有文名，人所爭買者或賄止其進場，
　　　或計汙其試卷，更有勾通閱卷者壓抑之，使不
　　　得售。

（二）扛雞：鎗手百十為群，隨棚冒考，先取二、三小
　　　姓無文名者自行投票，同黨約定入場，遇有此姓
　　　即為捉刀，不索值，儻此姓獲雋，則投買之票可
　　　得頭彩。

　　此二目為「博榜花」所致，粵人謂之「買闈姓」，
雞指小姓而言，蟹指大姓。扛者助而升之之謂，禁者阻

而抑之之謂。鬮姓每條十姓,如廣集巨款以競博,投條在萬條、十萬條之外,須選十餘姓或廿餘姓,用算式以勻佈之。某數姓為過底字,某姓應占成分若干為勻,佈此算式者謂之盤口,請師爺為之,有重獎。張之洞曾弛羊城買鬮姓禁,以抗澳門賭風,充海防經費。

詠木棉(陳韞堂瑩達詩)
十丈珊瑚十丈花,千紅萬紫抑高華,
英雄氣歃佳人淚,歲歲春風第一花。

水松:水松,檜之屬也,故宜水。廣州凡平堤曲岸皆列植,以為觀美。歲久蒼皮玉骨,礧砢而多癭節,高者塵駢,低者蓋偃。其根浸漬水中,輒生鬚鬣,嬝娜卜垂,葉清甜可食,子甚香。又嘗有木生其旁,崒起於地,與相抱,若寄生然,名曰抱木,甚香,亦曰抱香。質柔弱,不勝刀鋸,乘溼時刳而為履,易如削瓜,既乾則韌不可理矣。

眼鏡:宋時已有用水晶承目,明嘉靖時有之,亦屬罕見。劉跂暇日記云,史沆斷獄,取水精十數種以入,初不喻,既而知案牘過暗者,以水精承日(日疑目字之誤)照之則見。是宋時已知水晶能照物,但未知作鏡耳。

張靖之方雜錄云:向在京師,於指揮胡儱寓見其父宗伯公所得宣廟賜物,如錢大者二,形色絕似雲母石,而質甚薄,以金相輪廓而紐之,合則為一,歧則為二,如市

子等子匣。老人目昏不能辨細書，張此物加於雙目，字
明大加倍。又有孫景章參政處見一具，試之復然，景章
云以良馬易於西域賈胡，其名曰優逮，亦作靉靆。

廣州方言

- 獠獠，指平人。
- 夫娘，平人之妻。
- 心抱，謂新婦。
- 崽，謂子。
- 釛，謂母，凡雌物皆曰釛。
- 釛，謂西北風，蓋颶與瘴皆名母，故又指西北風。
- 妗母，呼母之兄弟妻。
- 妗婆，祖母之兄弟妻。
- 大妗，謂從嫁老婦。
- 花公花婆，醮子之夕，其親戚送花於新郎房中，男為
  花公，女為花婆。
- 蕰，子名，末生者。
- 仔，指物之小者，良家子曰亞官子，游手者曰散仔，
  耕傭曰耕仔，船子司炊者曰火仔，小販曰販仔，亡賴
  曰打仔，小奴曰細仔，小婢媵曰妹仔，奴之子曰家生
  仔，盟好之子曰契仔，無用之人曰衰仔。
- 蠻，謂橫恣。
- 蠻澄鋃鋃，劉鋃澄、龔澄樞二人名，言不循法度若此
  二人。
- 柁公梢公，司柁者。頭公，在船頭者。二人為舟之司
  命，故公之。

- 事頭,謂搖櫓者,事力之首也。
- 班首,立梡斗者。
- 駕長,司篙者。
- 靚,美也。
- 廢,謂顛者。
- 硬頸,謂鯁直。
- 古氣,謂迂腐。
- 筋節,謂壯健。
- 轆力,謂輕捷,言其力如車之轆也。
- 姣,謂淫為姣,音豪,又曰嫪毐。
- 春,卵也,魚春、蝦春、鵝春。
- 剕,以刀削物,音批。
- 飫,食飽也。
- 睩,怒視人,音利。
- 臒,腫起曰臒,興去聲。
- 躶軆,音赤歷,裸體也。
- 齙牙,露大齒。
- 荷惠,新娘獻尊長之幣帛帨履。
- 風路,謂雲腳疏直。
- 不知風路,謂不知人之來歷。
- 唔著,與已意相違。
- 半,謂事不實。
- 悝綄,帆也。
- 繵,索也。
- 戙,地名,戙旗山,音董,豎旗也。
- 價,市價稱平。

- 老姓，南海有老鶴年、老龍年。
- 霂，天忽大霂霧。
- 捯，以拳加物，音釳。
- 屈，音掘，無尾也，謂人無情義，亦曰屈。
- 屄，音彼，謂腿髀也。
- 搲，烏寡切，以指爬物。
- 殟殁，謂人愚。
- 麒齘，疑是畏葸。
- 利姓，文學傳有利鵬飛。
- 唔餓唔劏鑊，唔窮唔教學。
- 擘口仔，除教書先生外，以開口營生之人。
- 泮塘荔支，有黑葉，有桂味，有糯米糍，以黑葉為最佳，而果不甚多。老農黃桂植黑葉荔支數百株，皆逾四、五十年以上，所謂老樹果也，向東照水者尤佳。桂味則不及羅岡，糯米糍則不及畢村。

招寶蓮，字笛樓，副貢生，工書善畫。督學徐琪按臨所至多取錄，美少年迎合者至飾如婦女。寶蓮繪羊城取士圖以獻，意含譏諷，琪喻其意而無如何也。

何狙，字丹山，家貧，年十二始入塾，讀書九閱月，即辭家至會城學畫紗燈，性靈，承師指授，自有妙悟。時畫師有善畫美人，稱蘇美人者，過見其落筆飛動，立視久之，因贊其筆法超妙，囑令從學畫，傳其妙。他所學花卉翎毛取法惲正叔，山水人物取法新羅山人，翎毛尤為擅絕。所寫柳燕自

饒活趣，竹樹鶺哥尤工，每一小幀可值數金，質
庫亦受質焉。

黎晉賢，號翌廷，由船政學生充當福星兵船管輪。光緒
五年，福建船政大臣黎召棠以晉賢才，性剛
明，狀貌魁偉，選派往德國監造北洋海軍定遠、
鎮遠等鐵艦，又派入德國魚雷廠學習六年，
歸國任旅順魚雷營總管，著魚雷圖說二卷。

陳啟沅，字芷馨，少孤貧，目光絕倫，深夜處暗室中，
能辨五色。嘗以一蔴子寫百餘字，一摺扇寫字
彙全部，均楷法遒勁，行氣整齊。工繪事，尤
擅作蛺蝶，飛躍傳神，以顯微鏡窺之，則蝶之
兩鬚乃兩絕句綴成，其裙翅皆韻語也。自刻小
章，徑僅二分，中容百餘字，人以離婁目之。
嘗游香江，與白人登大平山巔眺鯉魚門，遙指
往來船舶若何桅竿，若何帆式，白人窺以遠景
尚不清晰，及船舶駛近，始知不爽。白人大
驚，倫敦報上播為美談。

黎芳，字澤芳，號信園，詠魚餅詩：「世俗由來嫌骨鯁，
故教追琢合人情」。芳又言，士子立身當從節儉
始，不節儉則濫用而苟求，將不知有廉恥事矣。

　　光緒二十年甲午，羊城鼠疫，譚聰彥用李成方治
之。其初規地過小，不能容納，後再增闢，譚始終其
事，頻飲李成藥自衛，竟無恙，有晉人庾袞之風（袞兩
兄俱歿於疫，次兄毗復危，袞扶持十餘旬，毗病得差，
袞亦無恙）。

　　王文沃八十花燭重逢大吏顏其閭曰：「雙星曼福」。
又贈以聯云：

琪樹瑤林承歡，共效斑衣舞，
木公金母周甲，重開合巹筵。

耆壽表以男女分，復以地區分，滿九十歲以上者書之。
論壽考：人得氣則生，氣盡則死，猶燈藉膏以明，膏盡
　　　　則滅。夫膏之焚也，其滅之遲速，視膏之淺
　　　　深，炷之大小明矣，顧置燈於室中與置燈於風
　　　　前，必有間也。善養者置燈於室中而小其炷，
　　　　其滅也遲，自賊者置燈於風前而大其炷，其滅
　　　　也速，膏隨烈而竭也。

　　戴鴻慈論主戰：光緒二十年，朝鮮東學黨之亂，日
本藉端與我開釁。平壤一役我軍受鉅創，鴻慈上疏有
云，夫所謂主戰者，必其勢可以不戰而決意用兵，然後
謂之主戰，若敵人節節見逼，我以不得不允，何主戰之
有，必如議者之意，必束手待斃，而後為不開兵端乎。
鴻慈反對李鴻章甚力。
　　馮葆廉撰生生錄，謂其家人曰，粵俗飲食奢侈，恣
其口腹，昏嫁鬥靡，豕用數十頭，非特傷財，亦且違制。
　　同治初年，郭嵩燾巡撫廣東，與制府毛鴻賓（桂文
燦傳稱粵督毛鴻賓疑誤）籌餉派捐，不應者因事押之。
有撰聯貼府署照牆外云：

人肉食完，空剩虎豹犬羊之郭，

地皮劃盡，並無潤溪沼沚之毛。

　　簡朝亮朱九江文集序云：顧氏日知錄凡古人所先
有，而顧氏申之，夫既申之，則古人之言始終復明。天
下雖有邪說而不能蔽，若不申之，則古人雖已言，猶未
言也。歷世以來，獨立不懼之君子，天下所爭言，而一
人不言，天下所不敢言，而一人獨言，皆申古人之誼，
以蘄後人之明。何者，天下之變無常而誼有常，君子得
以公誼，續其公言，無不孚驗也。

管：植物木類，一作桄樹，俗名大葉榕，枝短而勁。幹
　　皆根枝樛結而成，中多空竇。葉初發，細卷如辛夷
　　之蕾，葉開，色殷紅，望之如花。其樹無花，葉即
　　其花。冬盡春初葉始落，春中而發，初發時葉卷如
　　筆管，故名（據廣東新語）。廣東新語有詩云：

少參堂前有老樹，似榕非榕榕所寓，

葉葉含苞如木筆，葉開忽似花爭吐；

花亦非花花不如，紅淺綠深帶膏露，

千萬根鬚作一身，虎倒龍顛應有故。

高州志云：管樹，茂名呼為壓筆，吳川呼為雅翠。榕冬
　　　　　時葉不萎落，桄則盡落。

學海堂：道光四年粵督阮元開學海堂，專課生十人，
　　　　　朱次琦、陳澧、金錫齡、潘繼李與焉，嘉興
　　　　　錢儀吉、武林嚴杰皆在阮幕。

馮焌光，字竹儒，光緒元年補授蘇松太道，在上海設書
　　　院，分六堂教士，曰經學，曰史學，曰算學，
　　　曰輿地之學，曰掌故之學，曰詞章之學。疑印
　　　龍門書院初規，又刊譯外國之書數十種。焌光
　　　父玉衡，同治元年遣戍伊犁卒，光緒四年焌光
　　　扶父柩，至上海卒。

6月13日

記鈕惕生先生語

　　考試院兩廣考銓處在德宣中路金福巷陳融晢子宅
樓，廊有大白蘭花一株蔭蔽，花時竟日芬芳，余愛往清
坐。六月十三日下午復往，花盡落矣。邀鈕先生往小北
甘泉酒家叢竹有風處坐，陳天錫（伯稼）同飲茶，余將
先生所言者摘錄之。

　　余初至廣州在光緒二十八年，應陶模邀籌辦武備學
堂，時吳稚暉先生亦來穗辦大學堂，一切均得模之子字
哲臣者協助。吳先生居四、五月先離粵，余較不與革命
黨人往來，得吳書不可久留，余妹夫王有常亦風聞有人
指摘余，乃俟學堂籌備成，不上一課即辭去。王有常曾
任海豐、陸豐、樂昌等縣知縣。

　　總理某日發炮射莫榮新軍，余與莫善在其軍中，以
總理至偉大，主勿還擊，榮新允焉，翌日以誤會，莫向總
理請安，事乃已。汪精衛等曰主不發炮還擊者，永建也。

　　余任石井兵工廠督辦，練兵二營，足一千人為衛
隊，不但軍紀嚴，且精射擊刺槍。某次有人欲調余營打
陳炯明，余不從，蓋陳集烏合之眾，不足當我軍之一

擊。又有人要我打李烈鈞，余亦未從。然後知練兵是一事，用兵又為一事，有此經驗，余乃釋兵。後余之所部改為海軍陸戰隊，以其整齊耐用也。

上海光復，陳英士入製造局被拘之下午集也是園議繼續發動革命否，李平書、李英石、王一亭、□□□皆在。時余未識一亭，當議未決，一亭謂余，平書可以辭逼也，鈕先生盍再言之，平書願響應。余乃陳不可中止取禍，眾乃決。即促□□撰文告，是夜光復。翌日推都督（疑在小東門內海防廳開會），英士讓余，余言英士有三大功：集眾發起上海革命，一也；身入虎穴使事態嚴重不得不革命，二也；說製造局中人反正，三也。有此三功，宜任都督。議定余即返松江。

時清廷任張勳為江南提督，勳行抵江北，而松江為其駐地。余至松江，士紳正集議，已得上海光復信，正皇皇不能決。諸人見余至，皆色喜。余謂松江必須響應，否則寧供張勳來統帥新軍攻上海耶？松江水師何嘉祿、沈慕蓮兩管帶皆余之學生，余發令即日光復新軍，營長二人每人給二百元，令即離松。知府戚陽亦給以四百元，令他適。眾謂松江府也，上海是其所屬，寧不宜設都督。余謂上海世界著名大埠，既設都督松江，宜受統轄，乃設軍政分府，余為司令。

自後江浙聯軍攻南京頗，招降清軍馬濟時為□□，余亦勸令降。馬曾打余一鎗，彈側入尾尻，未致命，恐余懷舊，怨不能容。馬率部往徐蚌，為亂軍砍死，實則余決不懷怨也。

自余解兵柄，江蘇人無自練之兵，江南人任團長者

亦極少。一省無軍人，便諸事聽人命，毫無自主之權，鄰省以江蘇硬不起來，亦吃些虧。

二次革命攻製造局之失，為東西兩路欠聯絡，余於失利後始知之。余所購備機關鎗□、炮六門迄不能到手，即要求機鎗二挺，亦不允。余在寶山炮台，戴季陶來勸放棄，余往嘉定，季陶又來勸，謂離此小局面，總理有更重要之委任。及余到上海，問何種委任，季陶曰大勢已去，總理囑鈕先生勿再負嵎，徐圖後舉，但求離險地，無其他任命也。是役余之精銳死於嘉定者不少。

及余任考試院副院長時，尚雄心勃發，求入陸軍大學完成軍事學程，接洽已相當成就矣。戴院長季陶主不可，且曰以副院長而轉為學生，無此體制，余乃已。

> 余於第五次全國代表大會被選為候補監察委員，擬讓與鈕先生，戴先生曰鈕先生方典試某種考試，不宜與聞闈外事，更喃喃提起別理由，乃不蒙主席團通過。【狄膺自述】

二次革命之後，岑春萱有銀二十萬匯余，存於□□銀行。余戒部下謂陳英士已有接洽之處勿再往運動，而英士竟有誤會，某日招余往寓所，謂所接洽者悉遭汝破壞，出手鎗向余，余白必無此事。季陶等又勸，陳乃釋鎗，笑謂與鈕先生作耍耳。未幾時英士在寓被人暗殺，余深惜之。

余離武備學堂後，莊思緘（蘊寬）受任為太平思順道，並兼龍州邊防督辦。此缺重要，由兩廣總督保薦。思緘九月到任，與余南菁同學聘余往任文案。余以約在光緒三十（或卅一）年十月，自安南海防入，目睹防營

無用，則主辦教導團，先往河內參觀法國兵操，又視察鎮南關砲台，歸後決定用德國式辦隨營學堂，為下士教練。自後劉伯宗任文案，余參武備兵凡五營，陸榮廷為幫統，陳炳錕為督帶，譚浩明統二營，陳炯明統二營，莫榮新為親兵營長。

余於宣統元年至德國考察陸軍及軍器製造，時朱和中在得，曾共謀竊取四十五生的大炮圖樣，得之。此為第二次大戰德國最大利器，和中先已得之。余在日本時，亦曾設謀偷竊軍器圖樣，所以一再為之者，為國家利益，甚或關係民族存亡，不厭詐也。

民七余任石井兵工廠督辦，首尾僅九月，得程子儀為管工，因而重集熟練工人五、六名，崇禮貌，優酬給，清除煤屑，而發現可供製造之機器。向之呈覆上峰，云無某項機器不能製造者，蓋託詞也。檢查廢料而發現，鋼料之略短者可造馬槍，再短些者可造手鎗，向之不如此製造者，無人顧問之也。積數月，軍器大增，惟余所最注意者為後膛砲及機關槍，德國機關槍之仿造，自購樣、繪圖、打鋼樣、裝置試驗，余提賞計日程，功歷五月始成。此為國民革命軍北伐利器，自創造至卸任，積貨不少。迨廠製發達，欲自製硝酸、硫酸，設鏹酸廠，陸榮廷之特務人員馬濟基余成功之速，發槍擊余。余離兵工廠，馬濟任總辦。

朱和中與余湖北武備同學，游學德國，用功有為。十五年四月，余言於張靜江先生，任為廣州兵工廠長，始造迫擊砲，亦為革命利器。

民八余回上海，無事可為，往任中西女塾國文教

員，批改五班國文，俞慶棠等皆余弟子。余年七十，諸女弟子集資為壽，余將款捐入俞之社教學院。

稚暉先生亦樂於任中西女塾教員，惟以家用較大，欲月得脩滿百金，校長難之。適總理請吳先生往北京調劑李大釗與國民黨黨員間意見，余亦願北行，亦奉到總理派下，九年秋入北平。

余於廣西辦教導團及隨營學堂，關於兵學之說明傳至北方，袁世凱多為印行。余入北平，客來論武事者多於談文藝。十一年余乃參西北軍軍事，時馮玉祥被調任為陸軍檢閱使，率所部中央陸軍第十一師移駐南苑，余至平為馮軍訓練野操，張之江在張家口、包頭，李鳴鐘在綏遠，石友三、韓復榘皆為學生。余往來各地增加馮部實力，十三年孫岳、鹿鍾麟佔領北平，囚曹錕，十四年胡景翼治豫，余悉知其事。

十五年五月張勳進北平，五月十五日余至廣州謁蔣總司令，譚西北軍馮玉祥等革命事實，受任為總參議。

及南京底定，稚暉先生言於蔣總司令，以余有舊部，擬成立新七軍。余有教導團六百人，黃慕松君任訓練，久之槍械不至，余乃言於總司令，願取消此番號。

余之屢屢欲編練軍隊，一為國家，二為江蘇，顧一再作氣，未能成就，且因各方均有關係，易於受誣，至為抑鬱。國民革命軍討馮玉祥時，余為江蘇省主席，民政廳長繆斌竟謂余與西北軍有聯而繳我衛隊之械，庸詎知新七軍如編練成功，不被人指為與桂系第七軍有關耶？

君當憶江蘇省政府成立之初有軍事廳，廳長為何應欽，擬在蘇編練一師。余謂省不應有武力，所編應為中

央軍，而於江蘇任餉項。余決不在省成軍，此其證也。

　　西安事變之夕，因總司令被拘，余主不用兵亦用兵，不言和亦言和之策，何應欽為剿匪司令，余舉顧祝同、劉峙為前敵指揮，飛機出動。中央態度強硬，卒能消弭大變，國家之幸也。

　　余三至外蒙古，民國元年自恰克圖入，第二次自熱河入，第三次自新疆入。

學海堂

　　學海堂在廣州城北粵秀山下，阮元於嘉慶丁丑持節督粵，迄辛巳政通人和，始設經古之課，不專一題，俾得所近，不速其期，俾盡所長，闢學海堂，百川學海而至於海，所以勉粵士也。初擬於前明南園舊址，嫌湫溢，又擬於城西文瀾書院，以地少風景，最後擬於河南海幢寺旁，亦嫌近市，最後始闢堂於粵秀山，枕城面海，因樹開門，薙荊棘，培古木，繚以周垣。堂中遠眺，海門可見。堂階南出，循西下行，折而東有石磴，迤南至於外垣，其中百竿一碧，三伏時不知暑也。自堂皇南望，則見竹杪堂，後為啟秀山、房居山之前，故名堂東。石磴坡陀，梅花夾道，西達於山房，其東最高處有亭曰至山，山巔與亭相接。堂之西亦有磴道可抵山房，樹陰草色間，以石為几席，游者得憩。此堂南有室三間，東一室藏書，西二室司閽所處。堂之外門西向，與文瀾閣外門對，中間石徑即可登山。由石徑南行，東出即藏書室，牖前竹木之中自有石砌南下，以達於通衢。（節林伯桐學海堂志）

咸豐丁巳，學海堂為蠻酋分距，學長等以山堂多藏書板，募有能取出者厚賞之，有通事某甲取出，然缺失者大半矣，乃載至城西泌冲，庋鄒氏祠堂。庚申勞制府崇光捐貲，重刻皇清經解。時文瀾閣已圮，庋於惠濟倉。先是山堂外門之內有藏書之室，屯卒毀其書，屋亦摧壞，乃即其址拓而大之，增築山坡與舊址平高。其外垣為室三間，以藏經解板曁經室集、學海堂初集、二集，板亦有缺失，皆補之。三集選定未刊，其稿在督署內，亂後有得之者，以歸山堂，遂並刻而藏之。啟秀山房已改建阮太傅祠，遂移啟秀山房之名以名其室。山堂牆壁花木多摧毀，至是並重葺補植焉。梅花夾道，修竹繞廊，頓還舊觀矣。舊建此君亭亦修復，復新建離經辨志之齋於山房東壁外隙地，鑿一亭於此君亭東，名曰玉山泉。（壬甲南海續志）

羅賓王，字季作，番禺人，萬曆乙卯舉人，官南昌同知，告假。明亡不屈，大帥下之獄，意氣益厲，大帥感其節，釋之。初粵秀山前甲第相望，豪華冶麗，冠於天南。賓王罷官歸，築哭斯堂於其間，人以為誕，及兵燹後改為大營，遺構盡矣。

慘殺：康熙丁巳九月十六日殺廢藩長史李天植一百〇八人於雙闕之前，李天植環跪，次第就刑。總督金光組押尚之信於府學名宦祠內，賜令自盡。尚可喜、耿精忠屠城三日，城前後左右四十里盡行屠戮，死者六十萬餘人。

　　乾隆壬申支解東莞姦民王亮臣（例貢生，又作亮辰）於雙闕之前。省城春夏間市中宰賣子鴨，去其腸臟並兩翼，兩腿另售，僅存軀殼，取價甚廉，謂之王亮辰。因王伏法支解，其形似之也。

慘死：道光二十五年四月二十日，學署前大火，九曜
　　　坊等各街賽神演戲台搭於學正署前，火忽作，風
　　　烈，甚熾，死男婦至一千四百餘人。是役因賭，
　　　東轅門關閉，否則南出書坊街，東出九曜坊，所
　　　全活當不少。

貝吉多樹：即西域之多羅樹也，枝幹皆左旋，甚奇。望
　　　之如畫枯木，二月葉始生，三月作花，五出
　　　如木筆，邊白內黃外紫，氣馥郁略如梔子，
　　　瓣亦左旋。其葉較菩提尖而大，紋理如繡，
　　　可作書。予折一枝插使院中，一昔而活。
　　　（王士正皇華記聞）

　　宋廣平（璟）都督廣州，越俗始知棟宇，唐以前皆以竹茅為屋，宋廣平教人燒瓦。李復為廣州刺史，又勸導百姓，令變茅屋為瓦舍。楊於陵為嶺南節度史，亦教民陶瓦以絕火患。杜佑充嶺南節度，嘗疏析廛閈以息火災。

　　城西荔枝灣南，漢昌華苑，顯德園在焉，其在半塘者為花塢，華林園踰龍津橋而西，煙水二十里，總名西園。

　　廣州自耿、尚屠城以後，城中鮮五世萃居者，故無宗祠，有則合族祠耳。乾隆間有合族祠之禁，多易其名

為書院、為試館。

廣豐：康熙二十九年，總督石琳以各省鼓鑄應由布政司
　　　管理，題明在廣州地方改設錢局鼓鑄，名曰寶廣
　　　局，局設爐六座，曰廣豐、廣亨、廣盈、廣裕、
　　　廣益、廣昌。自明以來，布政使後堂堂外為架閣
　　　庫、儀從庫、廣豐庫，廣豐庫殆錢庫乎？

有獄官：公監以河泊所官為管獄官，分別東西各半，
　　　　西監寄禁西路人犯，以南海知縣為有獄官，
　　　　東監寄禁東路人犯，以番禺知縣為有獄官。

寄園：在小北門內天官里，又名評香小榭。道光間張維
　　　屏、楊榮緒、黃培芳、譚瑩、馮詢、梁廷枏、陳
　　　澧、潘恕、熊景星、杜游、梁園瑚、梁國琮、陳
　　　良玉時傷詠於此，今圮。

呼鸞：粵秀山，南漢劉龑疊石為道，名曰呼鸞。王士正
　　　漁洋詩話云：女牆間皆木棉，花時紅照天外，亦
　　　奇觀也。
　　　又十里紅棉繞畫樓，在榕塘內，二月登樓，四山
　　　如燒。

藥師庵：在小北門直街，鼎建於唐國初，平藩之妹在此
　　　　焚修，故俗稱王姑庵，實係平南王尚可喜女，
　　　　法名自悟。

弔鐘花：正月開，徐澄溥有「一苞九箇倒懸鐘」句。

鐵樹如棕櫚，幹甚奇古，葉而不華，過六十年方開花。
　　　　　　　　以上錄黃佛頤廣州城坊志，六月十九日

陸長恩，香港通訊處軒鯉詩道 304 號新中華刀剪廠經理

江海浩轉。楊永福住中華刀剪廠。

王芷恩，干諾道中新光酒店。旅客表上書王德貞名字。

節堂：唐百官志，節度使辭日，賜雙旗雙節，行則建
　　　節，立六纛，入境築節樓，迎以鼓角。宋朝有六
　　　纛旗節門旗，受賜藏之公宇私室，號節堂，朔望
　　　次日祭之，號衙日。
菊坡精舍：在粵秀山之麓，在應元宮之西偏有臺榭樹
　　　木，初為吟風閣，後改為長春仙館，遭夷亂
　　　廢圮。蔣香泉中丞與方子箴方伯議改書院，
　　　葺而新之，題曰菊坡精舍，聘陳澧為掌教，
　　　取顧亭林說，大書「行己有恥、博學於文」
　　　二語揭於前軒。澧作菊坡精舍記，申之曰，
　　　博學於文，當先習一藝。韓詩外傳曰，好一
　　　則博，多好則雜也，非博也。又申之曰，讀
　　　經史子集四部書，皆學也，而當以經為主，
　　　尤以行己有恥為先。

　　巴陵人鍾謙鈞，字雲卿，官兩廣鹽運使，刻古經解
彙函庋於菊坡精舍，計周易十二種、尚書一種、詩二
種、春秋五種、論語二種及鄭志，同治十二年刊成。
　　學海堂成立後之三十年，既葺舊有堂舍，復新建書
齋，陳澧因事為名，名之曰離經辨志齋。學記曰，入學
一年視離經辨志。鄭注孔疏曰，離經者，斷句也；辨志
者，辨其志欲習何經也。讀書最忌涉獵零雜，今日讀
詩，明日讀禮，其學必不成；今日讀此卷，明日讀他

卷，其學必不成。非特不成而已，涉獵零雜則性情浮躁，此學者之大弊也。自漢以來，儒者必專治一書，專治一書必始於章句，離經者治經，以句讀為始也。至於辨志，欲為世俗名士歟，欲為古之所為士歟，欲為古之所謂士，則自離經辨志始，離經辨志以後至於論學取友為小成，知慮通達，強立不反為大成。

司馬光腳踏實地：陳澧傳鑑堂記云，北宋之學，後儒皆尊二程子，然司馬氏之學不在程氏下。學者讀孝經指解、家範、書儀以治身，讀通鑑以知天下治亂興亡，可以為士矣。至平、至實、至博、至約，不講道學而道學真，不矜文章而文章大，坦然大路而無門戶之爭，朗然日月而無風氣之異。邵康節謂司馬公為腳踏實地，信哉。

陳澧世為江蘇上元人，祖父善，又名士奇，父大經，又名立本，澧係庶出（嘉慶十五年生，光緒八年卒，年七十三，一八一〇－一八八二）。父好讀資治通鑑，澧八、九歲時，見其父日手一卷，夜則攜以就枕，穴布帳補以輕紗，置燈帳外，臥讀之。祖好施與，廣西有貧嫗，子客廣東，久無書問，嫗思子成疾，士奇為其子書，言明年當歸，並寄白金，嫗喜，疾遂瘳，明年其子竟歸。

止齋：陳澧所葺書齋也。絕意仕進，一義也；記曰於
　　　止，知其所止，止於讀書，殆可謂知其所止者
　　　乎，二義也。又作止齋銘曰，黃鳥知止，吾豈不知
　　　矧承先志而敢忘諸，佚我以老，劬我以書，收視
　　　八極，樓心一廬。

曾祖　汝明
本生　汝弼
　　　錢氏
祖　　謙
　　　許氏
　　　王氏
父　　咸封，官海州學正。
　　　張氏
　　　翁心存，字二銘，號邃庵，常熟人，諡文端。
　　　陳澧為公門下士。

子三 ┌ 同書，安徽巡撫。
　　 │ 同爵，兵部武選員外郎。
　　 └ 同龢，右春坊右贊善，同治六年狀元。

孫 ┌ 曾源，舉人，賞進士，一體
　 │ 　　　殿試，狀元。
　 │ 曾純
　 │ 曾榮
　 │ 曾桂
　 └ 曾翰

陳澧撰桂文耀（字星垣）墓碑銘，銘曰：

有美人兮冰玉姿，軀幹秀削微鬚髭，
清談雅謔妙解頤，誰知腹有千熊羆，
鬱轕腎腸光陸離，孅手素手理亂絲，
皎皎神劍剗蛟螭，昂昂騏驥脫勒羈，
巉巉砥柱不可移，偉哉斯人天下奇，
造物將奚以汝為，埋之深山海之涯，
千載悠悠誰得知，他人不知我知之，
以淚濡墨書此碑。

　　張維屏，字子樹，一字南山，與翁方綱同時至京師，翁曰詩壇大敵至矣。會試不中，歸粵築室白雲山居之，又游羅浮山，為詩益奇。分發江西時兩登廬山，告病歸，游鼎湖山七星巖，西至，至桂林游諸巖洞。年八十卒，陳澧選其詩之精華二百餘首為聽松廬詩略，凡二卷。

　　張祥晉，字賓嵋，詩人南山先生之子也。任刑部江蘇司員外郎，轉江南道監察御史。河決，長髮賊起，論斷激烈，才氣縱橫，授廣西左江道，以出京遲緩被劾落職。賊陷廣東，君偽為賈人，歸省父母，於城西之泌村感暑疾卒。陳澧墓銘曰，敏於謀而仕中蹶矣，銳於事而身早折矣，父母痛子相繼而歿矣，君死有知目不瞑而淚血矣，我書此銘心愴絕矣。

　　海山仙館：陳澧荔灣話別圖序云，同治丙寅端午後一日，晨出永清門，乘紫洞艇抵荔枝灣，泊海山仙館，入門步長廊，坐池上之堂啜茗。畢，乘小舸行荷花中，少憩湖心亭，登高閣三重，望海上諸山，若拱揖於雲際。閣之下有小亭，圍坐啖荔，亭畔假山激水作飛瀑，淙淙有聲。復登舸至枕溪之樓，聞龍舟競渡，鼓聲鈗然。

　　海山仙館叢書：潘仕成（字德畬）輯，仕成官兵部郎中，叢書刊於道光二十九年，凡五十九種，四百八十五卷，經史外，兼及書、數、醫藥、調燮、種植、方外、武略、四夷紀錄。

貧：陳澧記師說，程先生恩澤自述少時孤貧，乃曰不能
　　當一貧字，安得為丈夫乎。世間不如意事甚於貧者
　　正多也。

崇雅樓：咸豐七年，陳澧避夷亂，寓於橫沙村之水樓，
　　　　讀詩六月。詩序曰，小雅盡廢，則四夷交侵，
　　　　孔疏曰，明小雅不可不崇，以示法也。感慨係
　　　　之，乃題曰崇雅樓。

　　譚瑩所輯書：譚瑩字兆仁，別字玉生，學海堂學長。
博考粵中文獻，凡粵人著述，蒐羅而盡讀之，其罕見
者，告其友伍崇曜（崇曜父秉鑑，起家十三行，崇曜為
欽賜舉人，原名元薇）彙刻之。曰嶺南遺書，五十九
種，三百四十三卷（叢書提要云六十種，二百四十三
卷）。曰粵十三家，集一百八十二卷，選刻近人詩。曰
楚庭耆舊遺詩，七十四卷。又博採海內書籍罕見者彙刻
之，曰粵雅堂叢書（粵雅堂先舉七難，定厥標準，盡出
舊藏，復事轉借，始道光庚戌至光緒乙亥，譚玉生始
終任校勘），一百八十種，共千餘卷（叢書提要說二
百八種，一千二百八十九卷）。凡君為伍氏校刻書，二
千四百餘卷，為跋尾二百餘篇，最善駢體文，所為詩文
有樂志堂集三十三卷，初以華贍勝，晚年感慨時事，為
激壯淒切之音。同治十年九月卒，年七十三，著有樂志
堂文集。子宗浚，字叔裕，同治榜眼，官雲南鹽法道，
著遼史紀事本末。
　　鄭獻甫論法：獻甫廣西象州人，著法論，曰開創之
世，所以治於承平之世者，其法簡而易行也。承平之世
議法者，好以一己之私心度萬事之私弊，法未行而豫設
一法以待之，法既行，而又增一法以制之，法或窮，而
又創數法以救之。問之民不能悉也，付之官不能記也，

惟積為塵牘，以供狡猾老吏上愚官而下剝民。同一事也，一人賄吏，吏曰法可，一人不賄吏，吏曰法不可，如是則吏之權且在宰相之上。

立法者但求大段妥善，行法者當於小處彌縫。（李續賓語）

鄭獻甫權論：大吏所以侵州縣之權者，恐官病民也，而不知大吏侵州縣之權，則民又輕官。官病民有上司之刺察，有下民之控告，知則去之而已。民而輕官，則風俗大壞，雖有賢守令，亦困於積習，其弊必至決裂而不可救，故欲伸大吏之權，莫如莫侵州縣之權。

陳澧論科第：舉天下之人重科第，必謂科第不足重。吾不為是言，但謂科第由人重，勿使人由科第重耳。人由科第重則科第愈重，人材愈衰，人材既衰，科第又烏能重之。

柳賓叔穀梁大義述：鎮江柳興恩，舉人，著穀梁大義述。陳澧悅之，舉澧之一說引證之曰，穀梁桓元年傳曰，桓無王，其曰王何也？謹始也。桓弟弒兄，臣弒君，天子不能定，諸侯不能救，百姓不能去，以為無王之道，遂可以至焉爾。元年有王，所以治桓也。孟之曰，臣弒其君，子弒其父，孔子懼，作春秋，春秋天子之事也，孔子成春秋，而亂臣賊子懼，春秋之義莫大於此。此義穀梁傳得之，以是推之，凡春秋之書王，其義皆為以王法治天下可知也。孔子懼有弒君弒父者而作春秋，此春秋所以始於隱桓也。隱元年傳曰，將以惡桓也，是其義矣。

同時研究穀梁傳者，侯君模著穀梁禮證，未成而歿。又杭州曹籀亦有所述。

讀書須分類研究，陳澧曰分類者，凡讀書之法皆然。

禮文禮意：鄭君康成以禮記注儀禮，其禮記目錄每篇必曰此於別錄屬某禮，即朱子所謂儀禮為經，禮記為傳也。儀禮，禮之文也，禮記，禮之意也。分類者，禮文也，禮文之中有禮意也，不可不知也。不明禮文，不可以求禮意，然明禮文而不明禮意，則或疑古禮不可行於後世，不知古今禮文異而禮意不異。禮意即天理也，人情也，雖閱百世不得而異者也。例如主人戒賓，注云古者有吉事則樂與賢者歡成之，有凶事則欲與賢者哀戚之，其事事深合人情如此。

電白縣水東之重要：無水東則無高州，無高州則無雷瓊。

鄭氏全書：陳澧與其同學諸子輯鄭氏全書，澧序之曰，孔子刪述六經而鄭康成為之注，其細者訓詁名物，其鉅者帝王之典禮，聖賢之微言大義，粲然具備。其於先師之說有宗主，有不同，讚而辯之。家法至善，傳之百世而無弊。又於緯候之書，歷數、律令之學，莫不貫綜，是亦所謂集大成者也。魏晉至隋唐儒生講誦得所依據，雖王肅、許敬宗輩妄肆訕毀，無傷日月。至孔賈義疏頒行，盛極寖衰。宋代朱子猶稱述鄭學，洎元明而遂衰，然王伯厚采集易注，實鄭學復興之兆。清代儒者講漢學，尊鄭氏毛詩之箋、三禮之注，其餘佚書，近人輯本粗備。

司馬光論遺書：司馬文正公書儀謂，子孫保護先人

遺書，視遺象尤重，蓋遺象其面目也，遺書其精神也。

格術：即物理也，夢溪筆談云：（一）陽燧照物，迫之則正，漸遠則無所見，過此則倒，中間有礙故也；（二）陽燧面窪，向日照之則光聚向內，離鏡一、二寸聚為一點，著物火發。古之算家有所謂格術，鄒特夫著格術補。

四文兼擅：古文、駢體文、考據之文，又別有詩集，四者兼擅者在清代惟顧亭林、洪稚存、袁簡齋，阮元（古文陳澧以為筆）、譚玉生、李恢垣（粵人）。

劉融齋：能算學，與陳澧每一相見，論九流諸子之學，談聲音度數之理，兩人有同好焉。陳澧稱其碩學，又稱其意趣高出於一世，遠儕於古人。

張奐：後漢張奐為安定屬國都尉，羌酋遺以馬及金鑠，奐以酒酹地曰，使馬如羊，不以入廄，使金如土，不以入懷。羌性貪而貴吏清，前有八都尉，率好財貨，為所患苦，及奐正身潔己，威化大行。

馮鐵華論浙省大吏之用人：咸豐十年，賊破杭州，駐防將軍令馮鐵華請餉於粵。鐵華與陳澧論正心誠意之要，馮曰：吾有見於浙之事也，大吏用人喜諧悅而不論其才，治事喜虛飾而不求其當，屬吏就其所喜而避其所惡，風氣既成，前後若一，此浙之所以破也，意不誠心不正，則其敗如此。

教算學：郭嵩燾巡撫廣東時，議開同文館兼算學，擬請吳子登編修掌教，議而未成。江南開算學書院，曾國藩、丁寶楨請南海鄒特夫，不果行，吳子登則往應聘。時杭州李壬叔、江南劉融齋皆精算學，吳子登往當

有成就。後學海堂亦請鄒特夫教算學，時順德何西池、
黎見山、番禺梁南溟、錢塘夏紫笙客粵東，均談算學。

　　梁南溟善講算學，雖深奧，皆出以俚淺語，聽者解
頤。凡方圓、斜銳、體積，削象牙為數十事，分克移
補，不假繪圖，而見者瞭然。

　　胡金竹後陳白沙百餘年而講道學，生於白沙之鄉，
著鴻桷堂集，名較白沙為晦。

　　陳澧曰，昔人謂史家有三長，學也，識也，才也。
余謂文章家亦然，無學則文陋，無識則文乖，無才則文
弱而不振。

　　黎二樵善刻印，專用古法，謝雲隱尤專門兼元人
法，孟蒲生則兼取浙派。其後高要何伯瑜始學浙派，陳
澧勸之學漢法、學元人法，皆能之，為蒲生所賞。刻印
雖小道，然必識小學，必能篆書、隸書，豈易易哉。

　　嘉興沈廉仲，其父沈鼎甫。

　　陳範川，嘉興人，道光中來粵，掌教越華書院。著
全唐文補遺若干卷、全唐文紀事若干卷，詩集刻於粵
中。吳石華、曾勉士與之為友，梁子春、侯君模、譚玉
生、陳澧、陳宗元（澧之兄子）皆為弟子。
結銜：書籍前後碑板上之結銜也。

　　謝里甫（字蘭生）畫，陳澧評謂在黎二樵之上。澧
謂，吾師謝里甫先生意趣高邁，不留意世間事，詩超逸
無俗韻，然隨意為之，不願傳世，書畫則高，而畫尤高。

　　膺於廣東文物攝影見里道人山水幅仿清湘，其平時
作畫多倣倪迂，又丹荔圖生動古茂，無一些呆著。

論語以父母之年為喜，此人子之情也，為之酒食，以燕樂之，所以飾喜也。豳風當周之初，已有春酒介壽之文，豳風即禮也，不必見於三禮，而後為禮也。顧亭林吳同初行狀云，五月之朔歸生，吳生持觥至余舍為母壽，飲至半夜，然則亭林不以祝壽為非禮也。亭林母生日為六月二十六日，而稱觴乃在五月，乃生日不受賀之義，擇日為母壽也。

日知錄，上帙經學，中帙治法，下帙博聞。

著書必須自序乃能深透，他人不及也。

作詩寫字但能不俗，可矣，若求工妙，讓專門者為之，專門者不可無其人，我輩則未暇為此也。

碑誌作法：大官碑志無事可述者，但當就其官階及朝廷恩禮平鋪直敘遣書。古人論文云，行乎其所不得不行，止乎其所不得不止，然則亦變乎其所不得不變而已。變乎其所不得不變，則亦不變乎其所不得變。觀馬、班之史，傳文人者必載其文章如鈔書者，篇篇不變也，傳武將者，必載其戰功如記簿者，亦篇篇不變也。至本紀、世家其體最大，而太史公夏商周本紀，齊魯諸國世家，云某王若干年崩，某王立，某公若干年薨，某公立，篇篇不變也。何也？此不得變者也。王介甫集中碑誌書其人諱字、里貫、祖父，顛之、倒之、斷之、續之，篇篇不同。此何？關於文之工拙而為此耶，徒見其有意求變而已，有意求變則能變亦不足尚矣。

昔有人傳古文四句訣曰：篇篇換樣，事事搜根，句句生造，字字有來歷。陳澧以為惟末句是真訣耳，餘三句皆有意而為之者也。有意換樣則必有顛倒之病，有意

搜根則必有穿鑿傅會之病，有意生造則必有鄙誕之病，文章所貴，貴乎自然，豈在乎變與不變哉。

有倫有脊為作文之法：小雅有倫有脊，可謂即作文之法。倫者層次，脊者主意也。文必有意，如不止一意，則必有一意以為主，猶人身不止一骨而脊骨為之主，此所謂有脊也。意不止一意而言之，何者當先，何者當後，則必有倫次。即止有一意，而一言不能盡意，則其深淺本末又必有倫次，而後此一意可明也。非但達意當如此，即援引古書意當如此，凡引古書二條即當知何者當先引，何者當後引，若倒置之，則謬矣。引至三、四條以上，尤當知何者當先引，何者當次二，何者當次三、次四，若雜亂之，則更謬矣，此所謂有倫也。倫猶易為，脊不易為也，必有學有識而後能有意，是在乎讀書，非徒讀文所能得。（黃氏劬學齋藏有陳澧引書法鈔本）

程春海侍郎謂，近人詩多困臥紙上，陳澧詩乃能於紙上躍起者。

錢儀吉，字藹人，號衎石，一號新梧，又號心壺，嘉興人，嘉慶□□進士，官至戶科給事中。主講河南大梁書院時，搜輯宋元明人經說凡四十一種，名曰經苑。道光乙巳孟秋開局授梓，儀吉躬自校讎，至庚戌春夏間方成二十五種，儀吉遽逝，其子尊煌因刊所定目四十一種於卷首，而以已刻之目附後，迄未續刊。

汪筠齋叢書：嘉定秦鑑，字照若，刻同邑錢氏一門著述也，刊於嘉慶初年，僅成第一集四種十七卷：一、

鄭志，錢東垣與其弟繹校訂；二、崇文總目，東垣與其
弟繹、侗輯釋；三、九經補韻，錢侗考證；四、後漢書
補表，錢大昭撰。昭字晦之，博學多聞，與其兄大昕齊
名，其子東垣，字既勤，繹字以成，侗字同人，均能世
其家學。

　　咫進齋叢書：三十八種九十三卷，清光緒時姚覲元
校刊。覲元字彥持，浙江歸安人，道光舉人，官至廣東
布政使，承家學，好傳古籍，尤精於聲音訓詁，所刻之
書以闡明聲音訓詁為多，所錄有銷燬、抽燬書目、禁書
總目、違礙書目，略可窺見清代文字之禍。

廣州音說　陳澧

　　廣州方音，合於隋唐韻書切語，為他方所不及者約
有數端，余廣州人也，請略言之。平上去入四聲，各有
一清一濁，他方之人多不能分上去入之清濁。如平聲：
邕（廣韻於容切）、容（餘封切），一清一濁，處處能
分。上聲：擁（於隴切）、勇（余隴切）（曲韻：邕，
陰平，紆凶切；容，陽平，移濃切；擁，陰上，紆洶
切；勇，陽上）。去聲：雍（於用切，此雍州之雍）、
用（余頌切）。入聲：郁（於六切）、育（余六切），
亦皆一清一濁，則多不能分者（福建人能分去入清濁，
而上聲清濁則似不分）。而廣音四聲皆分清濁，截然不
溷，其善一也。

　　上聲之濁音，他方多誤讀為去聲，惟廣音不誤，
如：棒（三講），似、市、恃（六止），佇、墅、拒
（八語），柱（九麌），倍、殆、怠（十五海），旱

（二十三旱），踐（二十八獮），抱（三十二皓），婦、舅（四十四有），斂（五十琰）等字是也。又如孝弟之弟，去聲（十二霽）；兄弟之弟，上聲濁音（十二薺）；鄭重之重，去聲（三用）；輕重之重，上聲濁音（二腫）。他方則兄弟之弟，輕重之重亦皆去聲，惟廣音不溷，其善二也。

「侵覃談鹽添咸銜嚴凡」九韻皆合脣音（上、去、入聲倣此），他方多誤讀，與「真諄臻文殷元魂痕寒桓山先仙」十四韻無別，如侵讀若親，覃、談讀若壇，鹽讀若延，添讀若天，咸銜讀若閒，嚴讀若妍（欽定曲譜於侵、覃諸韻之字皆加圈於字旁以識之，正以此諸韻字人皆誤讀也）。廣音則此諸韻皆合脣，與真、諄諸韻不溷，其善三也（廣音亦有數字誤讀者，如凡、范、梵等字皆不合脣，然但數字耳，不似他方字字皆誤也）。

庚耕清青諸韻合口呼之字，他方多誤讀為東冬韻，如觥讀若公，瓊讀若窮，榮、縈、熒並讀若容，兄讀若凶，轟讀若烘。廣音則皆庚青韻，其善四也。

廣韻每卷後有新添類隔，今更音和切，如眉，武悲切改為目悲切；緜，武延切改為名延切，此因字母有明、微二母之不同，而陸法言切韻、孫愐唐韻則不分，故改之耳。然字母出於唐季，而盛行於宋代，不合隋及唐初之音也。廣音則明、微二母不分，武悲正切眉字，武延正切緜字，此直超越乎唐季宋代之音，而上合乎切韻、唐韻，其善五也。

五者之中，又以四聲皆分清濁為最善，蓋能分四聲清濁，然後能讀古書切語而識其音也。切語古法，上一

字定清濁而論四聲，下一字定四聲而不論清濁，若不能
分上去入之清濁，則遇切語上一字上去入聲者，不知其
為清音為濁音矣（如東，德紅切，不知德字清音，必
疑德紅切未善矣；魚，語居切，不知語字濁音，必疑
語居切未善矣。自明以來，韻書多改古切語者，以此
故也）。

　　廣音四聲皆分清濁，故讀古書切語瞭然無疑也。余
考古韻書切語有年，而知廣州方音之善，故特舉而論
之，非自私其鄉也。他方之人宦游廣州者甚多，能為廣
州語者亦不少，試取古韻書切語核之，則知余言之不謬
也。朱子云，四方聲音多訛，卻是廣中人說得聲音尚好
（語類一百三十八），此論自朱子發之，又非余今日之
創論也。至廣中人聲音之所以善者，蓋千餘年來中原之
人徙居廣中，今之廣音實隋唐時中原之音，故以隋唐韻
書切語核之而密合如此也，請以質之海內審音者。

陳澧自述　六十二歲大病既愈後作

　　陳澧，字蘭甫，先世江南上元人，祖考捐職布政使
司理問，遷廣東番禺，考候補知縣。生二子，長諱清，
次即澧也。年十歲知縣君卒，年十五伯兄卒，十七督學
翁文端公（心存，字二銘，號邃庵，常熟人）考取縣
學生，明年錄科第一，同時諸名士皆出其下。文端公命
入粵秀書院肄業，山長陳先生厚甫（名鍾麟）賞譽之，
與桂興垣（名文燿，其先浙江慈谿人，道光九年進士，
改庶吉士，散館授編修，丁憂，任御史，出任常州、蘇
州府，升淮海兵備道。聰明絕人，讀書不屑治章句，恆

以功業自任，處事精敏，理紛制變，應機立斷，與澧交三十年）、楊浦香（名榮緒，一字孟桐，番禺人，咸豐三年進士，改編修，任御史，放浙江湖州府知府。性情誠樸，遇事謹惕，吶然如不能言，而善文章，尤精說文之學，究心篆籀，至不能為真書。守郡後注解律例，以治經之法為之，曰律義即經義也，文章不存稿。同治十三年卒，年六十六）為友。復問詩學於張南山先生（名維屏，字子樹，一字南山，自幼能詩，嘉慶九年舉人，會試歸，築室白雲山居之。又遊羅浮，為詩益奇，兩登廬山賦詩。咸豐九年卒，年八十），問經學於侯君模先生（名康，原名廷楷，其先江南無錫人。祖金鉉遷廣東，為番禺人，研精注疏，盡通諸經，而史學尤深，正史之外旁搜群籍，倣裴松之三國志例注隋以前諸史，為後漢書補注續一卷（續惠定宇）、三國志補注一卷，補撰後漢三國藝文志，成經史子三部而自注之。陳澧祭君模文有云，十載交君，是友是師，捧手有授，析疑有資）。

年廿二舉優行貢生，廿三中舉人，六應會試不中，大挑二等，選授河源縣學訓導，兩月告病歸。揀選知縣到班，不願出仕，請京長職銜，得國子監學錄。為學海堂學長數十年，至老為菊坡精舍山長，英偉之士多出其門。少好為詩（與陳懿叔書云，澧十五、六歲篤好為詩，立志欲為詩人，稍長，知有經史之學，雖好之，不如好詩也。張南山見澧詩，賞之，教以詩法，程春海侍郎見澧詩，謂近人詩多困臥紙上，此能於紙上躍起者。是時年二十六矣，自後嗜好益多，乃稍稍減損。有索詩

者，則為詩不摹仿古人，自恨不能卓然成一家，不願刊
行），及長，棄去泛濫群籍。中年讀朱子書，讀諸經注
疏子史，日有課程（示沈生書，所謂經學者，非謂解先
儒所不解也。先儒所解我知其說，先儒諸家所解不同，
我知其是非。先儒諸家各有是、各有非，我擇一家為主
而輔以諸家。與馮鐵華書，錢竹汀無經學書，僕竟似
之，昔年亦有辨正注疏之作，題曰碎義）。尤好讀孟
子，以為孟子所謂性善，人性皆有善，荀、楊輩皆未知
也（孟子所謂性善者，謂人人之性皆有善也，非言人人
之性皆純乎善也。乍見孺子將入於井，皆有惻惕惻隱之
心。人性皆有善也，無惻隱之心，非人也。人性無無善
也，乃若其情，則可以為善矣者，以其性仍有善也，此
性善之說也。荀子乃云人之欲為善者，為性惡也。黃百
家駁之云，如果性惡，安有欲為善之心乎。楊子雲乃
云，人之性也善惡混，試問聖人之性亦善惡混乎？韓昌
黎性三品說曰，下焉者惡而已矣，又曰下之性，畏威而
寡罪，夫畏威而寡罪，可以為善之情也，猶得謂之惡
乎）。讀鄭氏諸經注，以為鄭學有宗主，復有不同，中
正無弊，勝於許氏異義（許叔重異義之學，有不同而無
宗主）、何氏墨守（何紹公墨守之學，有宗主而無不
同）之學。

　　魏晉以來天下大亂，而聖人之道不絕，惟鄭氏禮學
是賴（東塾讀書記標鄭學：鄭康成學記注有云，所學者
聖人之道，在方策，孔疏云，鄭恐所學惟小小才藝之
事，陳澧云，恐學者鄉壁虛造，故如是言之也。孔沖遠
云，禮是鄭學，鄭君盡注三禮，發揮旁通，使三禮之書

合為一家之學，其鉅者帝王之典禮、聖賢之微言，其細者訓詁名物，粲然具備）。讀後漢書，以為學漢儒之學，尤當學漢儒之行（朱子學校貢舉私議云，其治經必專家法者，天下之理，固不外於人之一心，然聖賢之言則有淵奧爾雅而不可以臆斷者，其制度、名物、行事本末，又非今日之見聞所能及也，故治經者必因先儒已成之說而推之。借曰未必盡是，亦當究其所以得失之故，而後可以反求諸心而正其謬。此漢之諸儒所以專門名家，各守師說，而不敢輕有變焉者也）。讀朱子書，以為國朝考據之學源出朱子，不可反詆朱子（朱子論語訓蒙口義序云，本之注疏，以通其訓詁，參之釋文，以正其音讀，然後會之於諸老先生之說，以發其精微。朱子自讀注疏，教人讀注疏，而深譏不讀注疏者，反覆叮嚀。昔時講學者多不讀注疏，近時讀注疏者乃反訾朱子，皆未知朱子之學也）。

又以國朝考據之學盛矣，猶有未備者，宜補苴之（本朝諸儒考據訓詁之學，斷不可輕議，若輕議之，恐後來從而廢棄之，則成明儒之荒陋矣。今人考古者少，已大不如國初以來之淵博，斷不可順其風氣而一空之也，但當取義理以補之耳。又曰漢以來學術之中道，人可共由之者，為專經而明理敦行），著聲律通考十卷，謂古有十二宮，且有轉調，今俗樂惟存七調，然古律尺度具在，可考歷代樂聲高下。晉十二笛可倣而製，唐鹿鳴、關雎十二詩譜可按而歌，而古樂不墜於地（復曹葛民書，澧為此書所以復古也，古時禮樂並重，今古樂淪亡，不可不考，不可不復古。凌次仲奮然欲通此學，自

謂以今樂通古樂，然以為今之字譜即宋之字譜，則古籍
具存，不可假借。澧因凌氏書考之經書史志子書，凡言
聲律者，排比句稽，以成此編。將使學者由今之字譜而
識七聲之名，又由七聲有相隔、有相連而識十二律之
位，識十二律而古之十二宮、八十四調可識也，又由
十二律、四清聲而識宋人十六字譜，識十六字譜而唐宋
俗樂二十八調可識也。澧又因荀勖笛而倣製古管樂，又
考凌次仲、姜堯章七弦琴圖表，以其列十二調而統於五
調，考之魏書陳仲儒之言有五調調聲之法，而知姜氏之
說所自出於是。絲竹皆有古法，汪仲伊、張歇山皆傾倒
聲律通考。書成於咸豐八年，年四十九）。又著切韻考
六卷、外篇三卷，謂孫叔然、陸法言之學存於廣韻，宜
明其法而不惑於沙門之說（切韻考成於道光二十二年，
蘭甫年三十三，外篇成於光緒五年，蘭甫年七十）。

又著漢書地理志水道圖說七卷，謂地理之學當自水
道始，知漢志水道則可考漢郡縣，以及於歷代郡縣（蘭
甫先生聘章雲軿孝廉名鳳翎者，館於其家，以所購古今
地理圖書請其繪圖。甫一年，兩漢三國晉宋北魏郡縣草
稿略具，但未繪水道，乃考漢志水道為之圖說。書成於
道光二十八年，蘭甫年三十九）。

又著漢儒通義七卷，謂漢儒善言義理無異於宋儒，
宋儒輕蔑漢儒者非也，近儒尊漢儒而不講義理亦非也
（與黎震伯書，百餘年來說經者極盛，然多解其文字而
已，其言曰不解文字，何由得其義理。然則解文字者，
欲人之得其義理也，若不思其義，何必紛紛然解其文字
乎。僕之此書，冀有以藥此病耳。咸豐四年始，八年

成。自謂集眾家之說分類為書，專採經說，倣白虎通例也。題某家之說，倣近思錄例也。每一類中，名條次第以義相屬，則倣初學記之例）。胡錫燕跋云，其排比次第取一義之相屬，尤取兩義之相輔，取漢儒二十二家之說會萃精要，以成一家之書，但未發揮兩漢學術精要所在，及諸儒流變派別（錢穆評）。

其餘有說文聲表（又曰說文聲統）十七卷（自序曰，上古之世未有文字，人之言語以聲達意。聲者，肖乎意而出者也，文字既作，意與聲皆附麗焉。象形、指事、會意之字，由意而作者也，形聲之字，由聲而作者也。聲肖乎意，故形聲之之字，其意即在所諧之聲。數字同諧一聲，則數字同出一意，孳乳而生，至再至三而不離其宗焉。澧少時讀說文窺見此意，以為說文九千餘字，形聲為多，許君既據形分部，創前古所未有，若更以聲分部，因聲明意，可以羽翼許書。乃為編次，以聲為部首，而形聲之字屬之，其屬字之次第，則以形之相益為等級，以意之相引為先後，部首之音相近者，其部亦以類聚，依段氏古韻定為十七卷，其書有等級，故名曰聲表）、水經注提綱四十卷、水經注西南諸水考三卷（據遺書增入，采進稿）、三統術說三卷、弧三角說一卷、琴律說一卷（說本朱子）、文集若干卷（東塾集六卷，二百二十篇，門人廖廷相奉命自同治戊辰、庚午間依次編輯，壬午春先生捐館，至光緒十八年壬辰刊成，版藏菊坡精舍。廖廷相曰，先生學術具有專書，文集所錄特其緒餘，然扶世立教類皆不刊之語。顧亭林有言，凡文無關於經術政理之大者則不作也，讀斯集者當

有會焉。先生在菊坡精舍以經史及漢魏六朝唐宋詩文教士）。

生平不欲為文章，然有為先人而作者，及為親友碑傳事跡不可沒者，故過而存之。晚年所著書曰東塾讀書記，今未成（東塾讀書記成十二卷，又三卷已刻成，所未成者西漢、東漢、晉、南北朝隋、唐五代、宋、遼金元、明、國朝、通論，共十卷，乃尋求微言大義及經學源流，正變得失所在而論贊之。外及九流諸子兩漢以後學術，至宋以後已有宋元明學案，則皆略之。東塾雜俎十卷為其子及門人所編錄）。性疏直平易，頗厭俗事，惟好與學者談論不倦。值賊亂夷亂，家計不給，晏如也。生四子宗誼、宗侃、宗詢、宗穎，宗誼早卒，侃生子慶龢為其後。同治十年二月述。

國史儒林傳采進稿

同治乙丑，詔沿海各省繪地圖，兩廣總督瑞麟、巡撫郭嵩燾屬任其事（同治三年，廣東督撫命文武官各繪圖，而開局於廣州府學宮，延粵士鄒特夫、徐子遠、桂子白、子韶及陳澧總核之。文武官所繪圖及舊志書之圖皆齟齬不合，子韶晝夜鉤稽，繪圖若絲髮，字如粟米，遂病，夜起頓於地，不能語而卒。子韶自幼抱養趙氏，或謂姓晏，子韶不知其所自來也。又鄒特夫明地圖經緯線法，為總圖，經緯皆作弧線，為分圖，每幅皆上廣下狹，合地圖之形）。凡天文、地理、樂律、算術、古文、駢文、填詞、篆隸真行書，無不研究。

光緒八年正月二十二日先生卒，年七十有三（門人

廖廷相誌）。

　　又有等韻通一卷（東塾集有自序，等韻之學，其源
出於切語而有異同，余為切韻表因明白矣，嘗就而論
之，以為字母標雙聲之目，呼等析疊韻之條，縱橫交
貫，具有苦心。然三十六母既據當時之音，於隋唐以前
切語之法稍有併省，又等之云者當主乎韻，不當主乎
聲，乃等韻家則因字母而定四等，於是考之韻書，有異
部而同等者，有同部同類而異等者，加以舌頭、舌上、
重唇、輕唇。唐韻時沿古音，而後人不解，益以滋惑，
由是憑切憑韻，莫能畫一而門法興也，立一法而猶有不
合，又立一法以補救之，而法與法且自為矛盾。彼徒欲
使古書切語盡合等韻，而不能泯其參差之跡，故為此遷
就之說，而學者愈無所適從，所謂治絲而棼之者也。自
元明以來，作者又多據當時之音各矜神悟，各出新制，
而實未嘗明等韻本法，或且雜以方音，而其法愈不可
訓，此初學所以惶惑，而高明所以厭棄也。余謂聲韻，
惟齊梁陳隋之際為最密，其後愈降而愈混，三十六母已
為唐季之音，而等韻家因以立法，其不能盡合隋以前之
音者，勢也，元明以後，復不能盡合於唐季宋代之音
者，亦勢也。今就等韻本法而推究立法之，故表其所
長而袪其流弊，為書一卷曰等韻通。通也者，通其所
通，且通其所不通也，覽此編者，其亦有以見余之苦心
也夫）。
門人：
廖廷相，字澤羣，翰林，曾任廣雅書院院長，生道光
　　　　廿四，卒光緒廿四（一八四四－－一八九八）。

　　著禮表十卷，由其子伯魯保存，繆小山曾促
　　刊行，據國史稿本傳，廖氏尚有著作多種，
　　均未見。

鄭權

梁起

楊繼芬

汪兆銓

王峻之

黎永椿，字震伯，同治間諸生，學海堂專課生，著說
　　文通檢，陳澧有序。

馬貞裕

王宗涑，倬甫，自稱私淑弟子。

黃佐中，又名綺雲，番禺人，向不應試，舉學海堂專
　　課生，亦不就。精醫術，晚入羅浮酥醪觀為
　　道士。所著書：（一）白喉症治合編；（二）
　　孽海金梁（花柳）；（三）嶺海名勝詩文
　　鈔，光緒十八年抄本；（四）廣東藝文志略；
　　（五）聊以自娛室詩文鈔。各稿均未刻，黃
　　錫福堂藏。

葉衍桂，天船，番禺人，著：（一）周易象義述，陳澧
　　序稱其用心細，用力專，故於上下經、十翼逐
　　句逐字詳解之，非數十年之功不能成；（二）
　　雲西雜識，汪瑔（芙生）序云是世間不多見
　　之書；（三）西游直指，釋家言。

遺稿及未刻書（據廣東文物卷九，陳德芸「廣東未刻之
書籍」抄節）

　　十年前（當指民國十九年），廣州舊書畫販曾發見
陳蘭甫先生筆記小冊，凡七、八百冊。此種小冊，似為
先生手著學思錄之稿。據汪宗衍（孝博）東塾先生年
譜，知先生著手編學思錄始於咸豐六年，其與胡伯薊書
云：「僕之為此書也，以擬日知錄。日知錄上帙經學，
中帙治法，下帙博聞，僕之書但則論學術而已」，則此
書似為先生矜心著意之作。遺稿各本卷端標識有默記、
學思自記、學思錄序目、雜論、經史子集各種名目，其
中所記除讀書日課、生平志事、親友交游感情外，十之
九為讀書記。先生生平讀書有得，即手記於小冊中，積
稿逾千冊，除掇其旨取，刊行東塾讀書記外，其餘小冊
大概為是次書販所得。初發現於多寶齋，僅取值五百
元，後乃分散割售。滇軍將領廖品卓（行超）購其抄寫
最完整之一部分，約為全書四分之一，所餘由羅原覺介
紹，售於香港高隱岑。時南海崔百越（師貫）主高氏家
代為保存，占全書四分之三，後於中山莫鶴鳴（漢）提
議延請專家何翽、高藻翔校經部，鄧爾雅校史部，崔百
越校子部，某君校集部。經部校得最多，集部似未著
手，後因事中輟，原稿全份讓渡於古公愚直，今北平
圖書館所存似即為古氏經手讓渡者。其已鈔之副本，
由出資僱員之抄寫之。莫鶴鳴、莫幹生、莫詠虞贈於
鄧爾雅，鄧氏交與其甥容元胎（肇祖），讓渡於嶺南
大學圖書館。讓渡時為六百餘小冊，廿四年點收僅得
四百八十六冊，列於善本書，題曰東塾遺稿。

　　膺按，先生與胡伯薊書云，僕近年為學思錄，惟鈔
撮群書不成著述之體，欲待二、三年後乃編定之。今內
度諸身，外度諸世，不可復緩，然且及今為之，猶恐
汗青無日，為一生之遺恨，故今已論著之大旨告足下
（中擬日知錄一段，見前節）。吾之書專明學術，幸而
傳於世，庶幾讀書明理之人多，其出而從政者必有濟於
天下，此其效在數十年之後者也。天下人才敗壞，大半
由於舉業，今於此書之末，凡時文、試律詩、小楷字，
皆痛陳其弊，其中發明經訓者，如論語之四科，學記之
小成、大成，孟子之取狂狷惡鄉原，言之尤詳，則吾意
之所在焉。於漢儒通義刻成之後，與黎震伯書謂，既成
漢儒通義，乃著學思錄，通論謂古今學術，不分漢宋門
戶，於鄭君、朱子之學，皆力為發明，大約十年方可成
耳。膺意，通論最為緊要，學思錄後改名東塾讀書記，
通論編目列為卷第二十五，亦未成書。如此七、八百冊
中有通論在內，而遭散失，甚可惜也。

　　先生著述現尚有存稿未印者，謹分述如下：
甲、周禮鄭氏注，又名鄭學，黃劬學齋藏。
乙、孝經紀事一卷，嶺南大學圖書館藏。
丙、老子注一卷，徐氏南州書樓藏，番禺汪氏亦有抄本。
丁、陸象山集鈔六卷，徐氏南州書樓藏。
戊、王陽明集鈔，徐氏南州書樓藏。
己、讀史述，北平圖書館藏（據年譜）。
庚、廣韻增加字考略，以上下平上去入為序，內分考
　　異，增加兩式。此書與廣韻語考異、廣韻切語下字
　　考三種合為一書，黃劬學齋藏。

辛、說文聲表十七卷，初名說文解字聲類譜及說文聲
　　統，後改今名。南海廖百魯及番禺徐氏南州書樓藏
　　原稿本，廣東圖書館有抄本。

壬、古樂微一卷，南海廖氏及番禺汪氏藏，傳鈔本。

癸、古樂餘論，南海廖氏藏。

子、琴律譜一卷，原稿由先生孫慶貢保存，番禺汪學博
　　錄有副本，北平刻本不全。

丑、博雅音十本，徐氏南州書樓藏。

寅、東塾剩稿一卷，此為先生手自刪落之文稿，存其孫
　　慶貢處。

卯、自記一卷，陳慶貢藏，番禺汪學博錄副本。

辰、書法雜識一卷，嶺南大學藏。

　　對假借例令長字之疑：說文敘云，假借者，本無其
字，依聲託事，令、長是也。澧嘗疑之，以為出一縣之
號令謂之令，為一縣之尊長謂之長，此字義之引申，何
必為假借。必如來本瑞麥，以為行來之來，西本鳥棲，
以為東西之西，乃假借字也，何以許君舉令、長二字
乎？反覆思之，乃解本無其字之說。蓋古字少而後世字
多，凡後世有一事一物為古所無者，則創造一字，亦為
古所本無之字，若不創造一字而即依託古有之字，則謂
之假借。縣令、縣長古本無而秦漢始有，其最著者也。
當時固可創造令、長等字，乃即依託古有之令字、長
字，是謂假借。若以此例推之，許君生於東漢，東漢所
有而古本無者，如佛是也，此亦可創造一字，乃依託古
有之佛字，此即令、長二字之例也。其創造一字者，則
如僧字是也。

　　陳獨秀先生小學識字教本自敘曰，中國文字訓詁之
難通，乃誤於漢儒未見古文，不知形義，妄為六書之謬
說。許慎又易班固象形、象事、象意、象聲為指事、象
形、形聲、會意，中國文字訓詁之學益入歧途。而又依
經為義，經文幾經傳寫，往往乖訛，儒者乃從而穿鑿傅
會之，又或改為艱深以欺淺學，使學者如入五里霧中。
說文字之書籍愈多，而文字之形義愈晦，原無小學而變
為專家之業，宜其用力久而難通也。今課本上篇為字根
及半字根：（一）象數；（二）象天；（三）象地；
（四）象草木；（五）象鳥獸蟲魚；（六）象人身體；
（七）象人動作；（八）象宮室城郭；（九）象服飾；
（十）象器用。下篇為字根孳乳之字：（一）字根並合
者：（甲）複體字；（乙）合體字；（丙）象聲字；
（二）字根或字根並合字之附加偏旁者，務令視而可
見，察而可識。習者如睹畫圖，雖下愚可曉，如撥雲霧
而見青天也。作始者或不易，傳習者必不難。

　　史記酷吏傳：「張湯始為小吏，乾沒。」如滔曰，
豫居物以待之，得利為乾，失利為沒。顧亭林云，乾沒
大抵是徼幸取利之意。

　　禁參謁座主：會昌三年十二月二十二日中書覆奏，
伏以國家設文學之科，求真實之士，所宜行崇風俗，義
本君親，然後升于朝廷，必為國器。豈可懷賞拔之私
惠，忘教化之根源，自謂門生，遂成膠固，所以士風浸
壞，臣節何施，樹黨背公，靡不由此。臣等商量，今日
以後，進士及第，任一度參謁有司，向後不得聚集參
謁，有司宅置宴，其曲江大會朝官及題名局席，並望勒

停。緣初獲美名，實皆少雋，既遇春節，難阻良游，並無所禁，唯不得聚集同年進士廣為宴會，仍委御史臺察訪聞奏，謹具如前。奉飭宜依，於是向之題名，各盡削去。

李諤上書五品以上妻妾不得改嫁：臣聞追遠慎終，人德歸厚，三年無改，方稱為孝。如聞大羨臣之內，有祖父云沒，日月未久，子孫無賴，引其姣妾，嫁賣取財，有一于此，實損風化。妾雖微賤，親承衣履，服斬三年，古今通式，豈容遽裮哀經，強傅鉛華，泣辭靈几之前，送付他人之室。凡在見者猶致傷心，況乎人子，能堪斯忍。復有朝廷重臣，位望通貴，平生交舊，親若兄弟。及其亡後，遂同行路，朝聞其死，夕窺其妾，方便搜求，以得為限。無廉恥之心，棄朋友之義。上覽而嘉之。

楊子明，山西人，伍漢，持醫院司藥。
沈琪（東美），香港東亞銀行 603 福星公司，復興航業公司祕書。

　董霖室中，程時□談程儀仲為其祕書裴授之虧空，因而自殺（卅一）。同一年，其弟程瑞孫在重慶遇盜，受棍擊致死。弟兄同遭橫死，惜哉。
張銀蟾，沈湘之女外甥，清華三年級生，毛神父送往美國。
　鯖，沙丁魚。鮭，沙蒙。鮪，麥哭龍（汪德耀說）。鯇，青魚（陳希秦說）。鱆，章舉，有八足。

浦薛鳳，台北市南京西路十二號。

劉我英，台外市延平南路五十九號婦委會。

馮炳奎（楚碧），百子路九十號蘭園五樓，中大教授。

歐陽鍾（次磐），會計師，倉邊路天官里一五〇號。

勞士正、林振環、鄧又文（順德）。

　　以上五人六月二十六日上午十時在半溪遇見。其中鄧又文留意鄉邦文獻，止操粵語。

章行嚴先生，香港灣景道十六號二樓，利群道四號下。

劉象山，台北市杭州南路二段三十四巷四號郗宅轉。

傅承暉，廣州梅花村十一號，志章子。聖誕前一日隨萬
　　　　鵬程搭赴南昌車，至三十八年元旦至南昌，二
　　　　月八日坐民船至泰和。在泰和四月上課，卒業
　　　　初中，六月至贛州，露營水東鄉貢江旁。十四
　　　　日附公路車至曲江，失去衣箱，十八日至穗
　　　　城，現隨包先生。七月十八日隨包先生離穗，
　　　　十日至衡陽，卅日坐車頂走七天（三百公里）
　　　　抵桂林。早晨賣豆漿為活，晚上推磨。通詢桂
　　　　林中山中路一號轉勵志中學。

包鑑中，台北勵志社。

王景陽，台北勵志社分社。

水橫枝：植物，李千里（天馬）喜玩之，插水中隨便可
　　　　活，起霉宜擦之，起油宜勤換水，皆病態也。

李曉生，九龍粉嶺安樂村本立園。

陸京士，新亞六二六號。云太倉縣長為浦泰福，先至
　　　　沙頭宿蔡紹曾處，入城後大體尚可，現日各區

派副手，恐將行共黨政策。利泰四炸彈，一頭
門、二廁所未爆。五月十二日萃弟信到，璜涇
之朱某西頭人，非太倉人。戰時沙溪岳王等處
轟炸，因之璜涇避難等人紛至，市面大好（萃
弟信）。

吳康之外姑狄曉蘭能琴，為貴陽狄氏，出于溧陽，
父輩有十二房（父為八房），有三子二女。十二房為狄
筱漁，余在昆明已見過。康字敬軒，妻李漱六，江西清
江人，外舅李恒忠字建衡，娶狄氏。漱六之姊文華，
字問渠，適徐紹谷，浙江人，北大卒業。兄李鯤（夢
㮀），北大卒業。妹文淑，適鍾耀天，廣東五華人，清
華畢業。

馬貞裕，為陳蘭甫弟子，在兩湖書院授經學，張懷
九先生曾受業焉。言兩湖書院中有一湖，湖南四齋湘生
居之，湖北四齋鄂生居之，每生一臥房一書室，每四生
兩茶房一廚子。膏火甲等十二兩，乙等十兩，丙等八
兩，十日一給假，名曰旬假。又有外省學生，學額共為
二百四十名，教授月薪百兩。黃克強亦肄業，名黃軫，
字新吾，各科皆好，體操得滿分。每月初張之洞來，率
屬及學生拜孔子畢，又到正學堂，教授東向，之洞率學
生西向跪拜。舊時家長致拜西席，之洞蓋以學生家長自
居也。馬貞裕為教授中之最年長者（六月三十日綏靖公
署談起東塾讀書記，張先生答如此）。

其時謠傳東三省遍懸俄旗，院生囂囂作愛國運動，
監督王同愈，字勝之，謂諸君少安，容余請總督去電軍

機處詢問。軍機處覆電謂，俄力漸逼則有之，懸旗係謠傳非事實。監督得電，謂諸生愛國則是，確實研究則欠缺，盍讀中俄界記。教授（新化鄒代鈞）乃授中俄界記，共兩冊。

王勝之考試命題，必平日研究有素者方能解答，故不禁攜帶書籍。

6月30日

下午陣雨之後，文德路留法同學會請謝壽康同學演講梵諦岡教廷詳情，以宗教組織而又兼雛形國家組織，且又有市政組織，歷史悠久，情況特殊，講來頗為有趣。謝君任公使，任內使中國有樞機主教，田耕莘任之，教廷政府中現亦有中國人任職。中國現有二十教區，有總主教三人為華人，其餘則外國人，將來必逐漸增加。教廷反共甚力，全世界天主教人士之潛力為數可觀，教廷之關係，我國亦宜爭取。

六時歡宴，謝外並宴張雲，每人港紙五元，學會貼半數。宴畢，王燦芬又請吃咖啡。

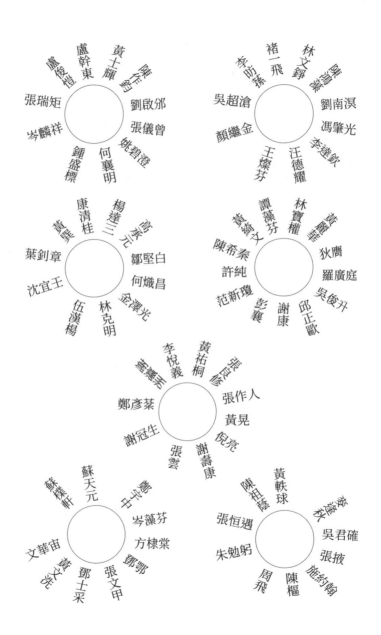

盧俊楷　盧幹東　黃士輝　陳仁蜀　張瑞矩　劉啟邠　岑麟祥　張儀曾　鍾盛標　何襄明　姚碧澄

褚一飛　林文錚　陳溫蓀　林的搽　吳超滄　劉南溟　顏繼金　馮肇光　李達欽　王燦芬　汪德耀

楊蓬三　康清桂　黃演元　雷琛　葉釗章　鄒堅白　沈宜王　何熾昌　伍漢楊　林克明　金澤光

譚藻芬　林寶權　黃緒文　黃冠華　陳希奏　狄膺　羅廣庭　許純　吳俊升　范新瓊　邱正歐　彭襄　謝康

黃祐桐　李悅義　張念發　蕭蕙洲　鄭彥棻　張作人　黃晃　謝冠生　倪亮　張雲　謝壽康

蘇天元　蘇鈺華　鄧中夏　岑藻芬　文華宙　方棣棠　黃文弼　鄧鄂　鄧士采　張文甲

黃軼球　陳祖燊　梁綸甫　張恒遇　吳君確　朱勉躬　張掖　周飛　陳樞　施約翰

陳德英，德政北路天官後街七十五號，吉慶東吉慶東三
　　　　巷七號二樓右。

錢麟，父樹瓊，常熟南門大街五十五號俞姨丈家。

宋昂千，台南市開山路九巷銀同里三十一號。

陳廣仰，台山人，住鹽運西路一巷九號三樓，譚龍沾
　　　　託介紹與財政部。

張建彬，先烈南路南方商專田心宿舍二樓。

胡秀松，柳州河南飛鵝路外科醫院對面。

史吉文，香江銅鑼灣加士域道六號三樓。

狄效瑾，德輔道中匯豐銀行對面，最高法院田土廳。

倪品真，衡陽泰梓碼頭龍神山湖南私立新京中學。

狄如芳，香港九龍荃灣曾鈺記電行轉交狄如芳。

狄明義，溧陽人，粵漢路工務員，東山粵漢路廣九檢
　　　　查所。

林鴻勛，字竹銘。

黃麟書，東山竹絲崗二馬路一號。

郭竹如，西湖路流水井二十二號樓下，妻賈氏。

施文耀，台北迪化路一段二二三號豐有公司內進陳家。

高秉然，字文青，山東臨邑人，北大二十年卒業。

7月9日

　　下午同陸幼剛赴西來初地三水陸少泉木器鋪，購酸
枝木椅四（每張十五元）、茶几一（三十元）。同往觀
華林寺殘跡：（一）白石塔雕琢頗美；（二）十八羅
漢、千手觀音部有華林開山祖宗符象，神氣甚佳，宗符
俗姓凌，寺多凌姓神主；（三）五百羅漢堂羅漢大頭矮

身，是依古法造者，內如來三尊，頗莊嚴。出，到英棧
飯，菜味平常，頗為熱鬧。

7 月 10 日　星期

　　晨候人來厂，迄未至，到迴千處貸百元即歸。下午
李逢生來，訂十三日邁櫻覆診，借車。知俞汝良將到北
大同學會，乃到會晤之。今日為夏季聯歡大會，人納二
港紙，食荔枝、西瓜，荔枝七月七日後漸落市矣。議收
回大同中學事，攝影而散會，時正陣雨。會後同陸幼剛
及其子女上八角吃魚皮角及椰子餜，隨返梅花村觀幼剛
夫人雀戲，以六番為滿和，手氣壞者既負，翻不轉來。
余尋傅承暉同往康園，同苗培成、張清源、谷正鼎笑
語。在幼剛家夜膳後，幼剛云請吃「南華李」，余聽作
「難為你」，眾大笑。余在東園前得三輪車，歸中山圖
書館。
　　余所住樓窗東向，上午九時後陽光正射，余利用之
襪衣滅蟲。蟲有極小者，黃色如魚子，數日不開箱即生
箱底。今夜月上乃在杧果樹之南端，映入靠北之窗玻
璃，光折入臥室南牆上，余臥床中隔紗帳觀之，而美成
絕句一首：

月色映牆成影畫，迎秋瓜蔓上闌干，
雲移風過瓜如活，隔帳猶看來覺嫩寒。

7 月 11 日

　　晨常會、政治會合開，顧墨三、余幄奇報告軍事，

葉公超外交，徐可亭財政。逾午不散，余作打油詩云：

交通（銀行名）開飯已逾時，
借問田（崑山）潘（公展）吃向誰，
欲上茶樓何處去，
中央從不貼茶資。

吳禮卿，東園交通部宿舍第三號。
李煦寰，東山保安後街十一號余公館。
黃維炎，慕松姪，廣州十八甫路懷遠驛懷遠新街四
　　　　　號，電話 10719。
陳宗一（融），金陵大學教授，植物學，在南京為學術
　　　　　之繼續性努力，未出走。
沈鵬飛，文德南路留美同學會右旁。
梁寒操，九龍青山道四二一號二樓。

7月12日

　　為中央監察委員會需有事業費，財委會撥港紙十萬
元，由李君佩分配。未列監祕處，余爭之，得百分之
十。恐不爭遭人責備，不得已也。

7月13日

　　晚，顧國棠來送衣，且邀往東皋大道智興街寓夜
飯，飯余同伊走大道北，見有良興里，大概當時有自仁
至讓十里也。到自小北來路處折入廣州市立救濟院，庭
樹蔭濃，東廊房屋一排甚長，門口有賭番攤牌九者。院

西為水門汀砌之長橋堤，北通小北，南上越秀橋。余等同入彭園晤涂景元，新自九龍返，採園中黃皮果、水胡桃、番石榴贈國棠之女。

7月14日

薄莫到東園後，粵漢鐵路三號房吳禮卿先生闔飯，端木傑、郭寄嶠同坐。飯後陣雨，自三號出，鞋為濕。到康園討論黨務改革方案，搭蘭友車歸館，已十一時半。是日蔣總裁來穗。

梁節之（晨嵐），農林橫七路四號。

夏武官功權，七〇一三一。

蔣經國，七〇四五〇。

顧國棠，香港皇后大道中，中國郵政儲匯局，羅襄理蔭芬、傅襄理煦根、奚科長仲玉。

劉紀文，香港堅尼地道八十四號，22455（借）。

王力（了一），博白人，嶺南大學文學院院長。

丁治磐，字似庵。

顏繼金，索中央執監委員名單。

譚文瑞，東山寺見底村長庚里五號。

高承元，東華東均益路七號。

劉石心，上海福煦路中華書局。

黃淑華，九龍醫院李文兼醫生轉。尊生女，李為其婿。

劉家樹，字醒之。

劉象山，太平路 154 號大公行。

謝次彭，香港銅鑼灣開平道二號地下，招商居招待所。

謝旨實，白宮 210 號。

7 月 23 日

晨八時到康園，既而送改造同志到天河車站。何子星云書貽有二男三女，長女已在台北中央信託局任事。九時半到智興里顧國棠家換衣，同姻嫂出到染衣店染紗長衫，余到中國銀行飯。下午同劉象山、沈湘之、徐迴千同到甘泉乘涼吃麵粉而歸。自攜茶葉加入甘泉壺中，尚有茶味，湘老謂之雞尾茶。歸時湘、迴來圍樓坐，愛屋靜而蔭濃，歎為難得。

丁秀君，文治夫人，重慶羅家灣二十九號稚園。
王培禮，方子樵婿，中央信託局專員，勝利大廈 203，
　　　　一一七七四。
方致中，子樵堂弟，工作團請假，現求歸班。
侯佩尹，桂林太平路八號樓上。

7 月 27 日

大晚報載，上海廿六日受猛裂之颶風襲擊，凡廿五小時，十九人斃命，廿餘萬人無家可歸，各街道浸於一至六寸之水中，為自一九一五年七月廿八日以來，上海最慘烈之風災。十四人閘北某住屋壓斃，五人觸吹落之電線致死，不知璜涇如何。廿三日颶風襲沖繩島。

喬文蘭，嫁劉炳生（武進人），上海趙主教路華村二弄
　　　　十七號。

喬文荃，嫁王士任（無錫人），上海山陰路（施高塔
　　　路）四達里一一二號。

陸孝武，南海大瀝墟李家書院政治大學，城內辦事處
　　　維新路孚通街十八號三樓。七月三十日夜交
　　　雲章信。

陸孝寬，1045 Centennial Ypsilanti Mich., U.S.A.。

　　劉象山將之海南，邀與同游，自泮溪至荔灣，經沙
面入市樓飲，得長句：

弓旌喜致海南書，蹢魯經台擬卜居，
失計云從關外始，疏狂應悔凱旋初；
放舟淺絳荔灣晚，遮岸濃陰沙面虛，
朋舊凋零天地窄，傾囊猶得酒兼魚。

施蒙（正始），東華西路永勝街細巷十號。

奉酬君武先生同遊荔灣之作　象山
燕雲迷亂絕音書，滄海橫流竟失居，
違別憶從更始後，重逢忽似永嘉初；
波喧荔水千舠漾，月照沙隄萬籟虛，
意氣■君碎盃■，圖南不歎食無魚。

游孚五，所里協大號，電報掛號二〇七六，電話掛號
　　　一〇四。孚五七月十六日書云，張星舫近在
　　　常德，石宏規在所里時相遇，從楊清漳在沅陵
　　　辦神州日報，現升任八區副司令。索對聯二、

三副及余屏條。

非常委員會，東山梅花村三十二號，祕書長室七〇四五
　　　　六，副七〇四五〇。辦公室七〇四五五、
　　　　七〇四五六。

趙韻逸，小港路二百號醫院內。

張述先，劉象山友，八月五日來晤。台旅文字 5686 入
　　　　境旅客許可證。

8月6日

　　晚同顧國棠乘石門輪三等艙赴香港，八時半上船，
陳俊傑、顧國楠來送行。余上西濠酒店訪葉寔之，未
得。在陳小姐房聽沈伯群夫人講王洵端能幹狀。十時鳴
鑼啟行，三等艙兩頭通風，余與國棠臥皆下床相對。
十二時二十分，舟過分水頭（又名鶯歌咀），船左來槍
聲，同艙客皆伏床位之下，數分鐘後始停。余左右股、
左臂均擦傷，有一客名何仲，上大菜間吃麵，為槍子中
腰部致命。槍聲停後，又關電燈，至十分鐘始脫離險
境，其時石門船開立馬力，狀似逃難。至上午四時許到
達香港三角碼頭，余睡得尚安。

8月7日

　　晨六時半下船，余攜破箱一隻，內貯稿件，未受檢
查。七時半乘赤柱車到聖士提反學校教員宿舍住。十時
往村中理髮，歸浴。下午三時同錢君長、次兩女到淺水
灣游泳，遇雨而返。夜飯後走濱海足球場之弧形馬頭，
馬路外高內低，恐係防止開快車躍入海中。

8月8日

九時入城，到周魯伯處留址，到渣華道五十號三樓顧國棠處飯。飯後到天后廟道二十五號四樓周佩箴，同伊往皇后影戲院看慾燄。出，飲冰咖啡，遇成際安，游美之子。五時三十分歸守塘家過節，蟹肉頗鮮。

8月9日

飯後擬往皇后觀大涼山恩仇記，人擠，不能得票。先在安樂分座冷飲，人多空氣少，既而渡江至佐頓道，入一小茶樓座，董君鼎三來談。回銅鑼灣新電影院觀柏林風雲，歸赤柱飯，已九時許。

8月10日

晨未出，下午自赤柱村到香港仔，雇小船游海中，帆檣林立，腥臭熏人。上岸入一茶樓，茶味極劣，購魚歸校食之。夜與守塘談過去事，此次攜著作一箱，託守塘保存。

8月11日

晨本擬離赤柱，守塘子女為講古事、學麻將留我，乃飯後始行。女傭攜布包候於聖士提反路站，余與守塘入監獄路。上車兩次，皆因青年夏令營男女多，車頗擠。余上車已得座，而女傭不之見，未及授余布包。余乃自赤柱村下，返校，而女傭又送布包至村。余與守塘在麗絲吃茶，乘下一班車入城。一切事不可託別人，今日又得一教訓。三時至交通銀行，余與李嘉有同至新寧

大廈十一號伊寓所稍休，寫信至上海炳弟處，云平信可通也。既而到趙棣華寓、錢新之寓、徐景薇寓、湯筱齋寓小坐。筱齋新自重慶返，云汪山屋俱毀，歌樂山、山洞路上游兵散勇搶坐小車，城內房荒。返新寧，棣華約飯，余同嘉有上福勤道五號晤周世安及嘉梅。飯時同吳鑄人、林雲谷在華都，冷氣侵人，太爺雞、炒牛奶聞出自女廚六娘。餐畢各散，余住楂華道五〇號三樓顧國棠家。

8月12日

晨到奕蔭街三十四號晤豐穀，正房陳惠夫子女居之。出訪公展，遇范爭波，見壁間懸有虛雲相、息霜字。出，到西濠四樓，樊炳炎、沈心怡、夏濟安、程綏楚、汪榮源均在。炳炎請到海景樓食京菜，除豆腐燒粉絲外，毫無是處。下午到交通銀行作致錫、震、奐、桐生、綴英書，謂公望及寧馨既不讀書，遇有淑女，即便婚姻。出，到周佩箴酒飯，浴將畢，嚴慎予夫人來。余到皇后尋娛樂，同佩箴不能得票，即回景薇處，請李嘉有唱老生戲約十段，錄音。

8月13日

晨渡海，赴九龍加里威道，訪陸宅，吃雞湯麵。行市街彌登道購食物，陽光照耀，賴有榕蔭，得稍風涼。歸後見英兵行列，首有吹 Bagpipers 一隊，以後為各隊員，荷槍帶帽，衣褲透汗，最後為十字車及攝電影車。一時飯，有露香瓜蒸黃魚，甚美。同江聲君同上渡船，

遇王曉籟，云今日許靜仁先生七十壽。上岸到西濠小
座，及到樓桐蓀家同慎予夫人及周佩老打麻將八圈。天
熱，夜飯後即散。

8 月 14 日

晨赴新寧大廈錢新之六十五歲壽辰，余往簽名，並
書牋上一聯云：

當年海上會逢，味比蟠桃初熟，
此日天南祝嘏，相期蔗境回甘。

到開平道二號尋謝壽康，已赴台北。遇端木鑄秋、
奚玉書、范爭波等，既而遇李贊華約明日飯。余尋加士
域道，擬尋史吉文，未得。訪潘公弼、孫琴池，略談，
歸渣華道。潘公展來，約往英京飯店飲茶，同座有王
豐穀，茶後入西濠浴。參觀黃君璧畫展，山水苦黑氣太
重，花卉人物學宋人法。同豐穀到大東訪陳惠蒼，未
見，即歸渣華道。秦待時來談，約往 Grole 咖啡，尖沙
嘴四時新食醋溜黃魚，拌雪菜，蝦仁蛋，腰火湯，皆杭
州味，頗美。別時，待時殷勤訂後會而下車。余至大坑
（走英皇道）見琴池夫人，食 Melon，歸寓已將十時。
本日曾兩訪駱清華，未遇。

8 月 15 日

晨到交通銀行託購飛機票，擬於十七日晨九時與棣
華同返穗。出，到西濠浴、飲茶。十一時赴李贊華家午

膳，乘三路車至大學堂近處第八警察所下坡，見桌及小
玻璃櫥頗新式。飯後同王芷恒同到樂斯影戲院觀血染海
棠紅。出，同李嘉有飯，惟芥菜蝦米湯為可吃。歸，到
香港時報見許孝炎，晤陶希聖、張潛華、毛健吾、邵健
工等，即歸寓。

The Concise Oxford dictionary, 1536 Pages.

8月16日

九時到李嘉有處，得飛機票。到西壕，同豐穀出購
食物、香煙等。歸西濠浴後，出三六九吃麵，遇劉紀文
夫人，麵味極劣。再到交通銀行補充白飯二碗，便飯菜
甚佳。小睡後同豐穀到娛樂觀生育寶鑑。歸渣華道檢行
李，再到大坑福勤道周魯伯家，魯伯暨嘉梅皆不歸，余
獨留飲酒食飯。魯伯今妻范氏，常州白塔人，自丹陽乘
汽車可往，家中有母有弟，三十七年曾歸寧一次，曾助
母甩稻，伊對於歸鄉下種田極有興趣，伊有友二人、一
同鄉、乾姊妹二。福建陳夫人三十，偶五十餘，老人聰
明能幹，教導范氏甚多者也。下坡到樓桐孫家話別，同
伊全家到北角，余購物即歸。與國棠夫人子女講余母、
余姊之德行，一時始睡。

8月17日　晴

六時醒，食蛋糕、牛奶。女傭阿方送余至趙棣華
家，又啜粥一碗。偕趙棣華、湯十齋、程覺明同乘汽車
至油蔴地，渡九龍車站，雇街車到啟德機場乘中央航空
公司飛機，以九時半飛抵白雲機場。坐車至中華路，換

三輪車至文德路，立法院中人正紛紛啟行至重慶。飛機
票價四十元，空中小姐分余雪糕一盃，糖兩塊。

此為余五次過港、第二次游港，自八月六日往，今
日歸，計游凡十日。

顧國棠，英皇道糖水路渣華道五十號三樓。

俞時中，台北杭州南路一〇五巷三十五號。

黃季寬，九龍窩打老道一二五號。

程中行，九龍太子道二九五號三樓。

周君梅，太子道二〇〇側新街一號樓下。

潘公展，禮頓山道六號三樓。

徐可亭，干德道十一號 B 三樓。

毛慶祥，北角喳吪道六十六號四樓。

駱清華，四十號二樓。蘭友三樓。

劉航琛，藍塘道二十七號。

周佩箴，天后廟道二十五號四樓。

香港九龍中央郵局信箱一八一九，錢守塘先生收轉，
Box 1819, Central Post Office, Kouloon。

李贊華，堅道尾般合道育賢坊（第八警署隔壁）十七
號地下。

奚玉書，銅鑼灣口一百八十六號紅牆四樓。

陳惠蒼，大東酒店二樓十一號。

潘公展，跑馬地禮頓山道 6 號三樓。

錢新之，新寧道十一號二樓。

湯小齋，堡壘街上法華街十一號二樓。

趙棣華，堡壘街上法華街十一號三樓。

徐景薇，堡壘街上法華街十一號二樓。

林雲谷，香港德輔道中一六七號三樓，三四三〇〇，
　　　　豐華企業公司。

王亮疇，薄扶林道一一二號，二三六二八。

嚴慎予，英皇道永興街二十九號四樓。

許汝為，史塔士道肇輝台一號，二七五〇三。

成際安太太（眾志），般含道四十號四樓。

杜月笙，堅尼地台一八號樓下。

陳靄士，九龍太子道三二二號。

周作民，干德道五號。

曾養甫，九龍界限街一四〇號二樓。

陳芷町，跑馬地禮頓山道九十五號三樓。

何雲樵，九龍城街前圍道一二六號二樓。

馮英子，香港干諾道中六五號，文匯報及週末報總
　　　　編輯。

藍　風，香港德甫道中先施公司五樓，保險人壽。

陳君樸，九龍青山道 138 號二樓。

孫琴池，深水灣壽山村道 55 號陳宅，T20525。

何子星，台北溫泉里八巷十三號。

姚大海，台北長安東路。

黎象武，八月十二日曾到梧州，為母病購藥。

鄒梅取戚壽南長女繼蘭，三十八年八月十四日在廣州
　　　　　　　　新亞酒店。

施文耀，台北市迪化街一段二二三號豐有公司元亨行。

　　原澗姪女星期二（八月九日）割治扁桃腺，星期五（十二日）割治乳塊，在廣州華英醫院二等病房一百十二號。八月十三日李逢生條，廿一日飛重慶。

黃筱堂，台北西寧南路 50 號一號，台灣省警備司令部
　　　　服務。

黃保昌，筱堂子，台灣聯勤及財務處工作，娶打字員
　　　　張美光，八月廿一日婚。

顧福田，香港干諾道中一四六號民生公司轉。六月五日
　　　　離申，太倉鄉下甚安，大嫂亦好。宿舍在香
　　　　港缽典窄道（Pottinger St.）四十一號三樓。

范南國，海南大學校長。

謝壽康，台北市中山北路一段 53 巷 46 弄一號。

劉大悲，特任台北農場專員。

朱育參，台北南陽街信陽街轉角處，貨運服務所。

張立，牛角沱中國銀行宿舍。

羅鴻興太太，胡心美之大姊，香港萃華坊二號。

胡煥堂先生，心美之父，寶靈頓道卅號。

李菁，字永籍，梧州大南路馬黃街，警察局長。

馬潤庠，立委，倫敦大學經濟博士，九龍佐敦道偉晴
　　　　街 70 號二樓。

8月21日

壽立夫五十

中興喜君健，重任有攸歸（原作「圖南兼得壽，頡頏羨
雙飛」，于右任先生為改二句），

挺秀添門德，承忠護黨徽；

漸來子產譽，還學衛蘧非，

努力崇三立，寰瀛待指揮。

　　立夫五十誕日為八月二十一日，陰曆七月廿七日，
先一日討論公債會約余星期日吃潮州某廚。余准時往梅
花村三十二號陳伯南府，見一八十老者，為楊冠北之父
鑑泉先生。上樓見田崑山、立夫、冠北、蘭友及其黃夫
人，蘭友方書一紀念冊上之短序，始知壽辰正在今日。
諸人慫余寫詩，余詩所以作也。既而沈伯群攜夫人至，
張壽賢、沈階升、戴登等俱集，中午在中廳設二席，余
桌朱驪先、楊公達後至。飲白蘭地四瓶，菜味平平，有
桃無麵，在廣州無好麵也。公達先醉，洪君及黃夫人亦
醺，余以病寒熱，未敢多所飲啖。歸館熱，又作其明日
補記立夫壽辰之嚴密狀如右。

　　沈夫人在席間屢提及大同酒店之女侍阿華，蓋數月
來時局惡悶，諸友人借酒遣興，阿華較為靚者，工伺
應。余於某日應徐可亭招，亦參與飲宴。是日雨甚，憑
大同闌干，見霧馳風急，船危渡寂之狀，顧謂墨三曰，
如何保住此錦繡江山也？是晚有一年事較高之女侍阿溫
唱粵曲，不必辨字，知其為悲。余飲甚多，亦未至醉，
於唱至極悲處亦曾偷彈數淚。

8月23日

夢汪公紀（八月二十三日黎明夢見之）

云日本歸，榕得解圍，依前圓秀，不是痴肥，

公私叢叢，料理從容，上清寺樓，炸重煙濃，

嘉陵之曲，偕隱茅屋，夫柔似水，妻靜如玉。

許汝福，汝祉胞弟，行四。三十一年至三十六年在陝西地方行政訓練團、陝西省訓練團。三十六年六月返太倉，七月至湖南衡陽南鄉大豐煙煤礦場，吳景文為是廠經理。有太倉人沈逸蓀，年七十，為管總務。三十八年四月水沒礦停，土共又來抄擾。汝福以八月十三日自衡，十六日至穗，寓惠福東路維新路青雲小學劉景俊處，云有友在粵漢東站廣九路護路司令部廣州指揮所，友名舒沛泉，廣東人。八月三十日赴高雄要塞司令部，司令為七分校洪士奇（副主任）。

8月24日

飯後臥，頗酣，歸館復偃息。許師慎來，同往尋祝秀俠，知汪公紀住東山達道路吳鐵城公館。至則顧祝同、余漢謀、白崇禧、鄒魯、李文範、馬超俊、陳慶雲、薛岳、朱家驊、洪蘭友、鄭彥棻、葉公超、高信、謝玉裁、陳述經、陸幼剛等等皆在。聽鐵城兩次謁麥克阿瑟所記要點及日本人反共之堅決。麥帥謂中共執行蘇聯在遠東政策之主流，事實顯然，所慮不在中南亞，而是印度洋海口，謂南韓必無事，香港命運未定，因蘇俄無足量之飛機、海軍。華南宜守六月，不必希望美援，

美援自至，批評白皮書，謂是不合時宜之舉。麥帥兩次
奉召不歸，謂本人有所欲為，有事可算我一份。論中國
軍隊，謂不宜單以大洋鼓勵士兵，合法之升擢及英勇之
獎拔皆有用。至日本之反共則頗為澈底，有公使資歷之
杉原荒太致書吳鐵城殿下，致謝歸俘，承認錯誤，希望
補過，致感激於蔣總統及湯恩伯，謂中日提攜應再多所
往還，實效始有可睹。美國對於日本已逐漸放寬，鐵城
謂十事為證，如撤消軍政府、皇宮外戍兵，允許派各處
領事商務專員及派遣各種世界會議代表之類。辭畢，進
中西點各一小碟。余請白健生將軍說話，白云程潛將
反，挽救之不得，陳明仁出於意外，幸實力損失無多，
十萬人中失五千人，得力於下級團長不為所動，真難能
可貴也。守廣東之法，宜用守面及空室清野之法，擇賊
必由之路兩旁數十里乃自二百里，使民眾走開、不留粒
米、不留磨心、不留鍋鑊，則大隊自不能來，來不得
食，必去。又使游擊隊斷其輜重，空軍炸其運輸工具，
此必克之法也。是日余漢謀受任為南路司令，白氏辭
畢，眾皆賀之。

　　客散，余與公紀散步吳公館前，館臨珠江支流，對
岸遠處有二塔，云是番禺風水塔，其一名澠江塔。臨流
有石駁岸，岸列有油闊葉樹兩行，空氣清曠，甚有味
也。記公紀談數則：
一、東京現似南京，有房屋之處忽為田園，報紙衹半
　　張，出版物尚未恢復。鐵城送于院長之法帖墨跡，
　　比書道為佳，珍品也。

二、伊父之舊僕李崑麟受伊母之教，會燒蘇州菜多種。
戰時櫻井將召為家廚，日燒菜一種，月薪日圓六
百，其另一日本廚司月薪一百，而煮菜操作頗多，
李不自安。櫻井為加日廚薪以留之，李再不安，求
去，並述有覓屋開館意。櫻井乃撥一樓面，不三月
而本利已相當，李付房租，櫻井不受，乃相約李與
櫻井各分純利之半。投降後，櫻井為戰犯，財產充
公，獨靠此飯館收益，月入最少為三百美金，多至
七千美金，櫻仍得其半云。公紀此番曾往受款待，
最後出蛋餃、燻魚及粥，謂公紀當年所喜食者，公
紀佩其誠及記憶力強也。

三、在法國讀書，最少現需兩萬法郎。

四、法國歌劇、話劇及大腿戲皆落伍，小戲院容百人，
表演性關係者巴黎甚多，有父攜女往觀，作不言之
教者，惟門票極貴。

五、公紀在法遇絕美者亦鮮，某日同同學坐車，駛車者
為一女郎，紅衣貌美，公紀與同學不禁作口哨，
女郎回顧而笑。

六、公紀住九龍加利威道六十號，云有奇書一小冊贈我。

七、公紀謂法大魁儡戲今仍有之，每演四齣，其中二齣
為恐怖戲，其恐怖角或有雜坐於池廳觀眾間者。

于院長右任，東山寺貝通津五十號李煦寰宅，李祥麟自
　　　　莆田中學，八月十二日至此。
李逢生，重慶川東師範財政部稅務署。
吳德培印，許汝福八月廿六夜來寄存，云此後行蹤無定。

朱佩蘭，字梅影，重慶黃家埡口捍衛新村 316 號立法院
　　職員宿舍。適吳縣潘一山，妹夫郁彥、許致
　　文。父朱鴻（從政），母朱斌卿，兄朱靜裔，
　　姊朱惠蘭，河北滄縣人，住天津第一區和安里
　　六號，民四 12 一廿二生。

假若我們相逢

狄一安
狄膺長子狄原滄之女

　　從小，我沒見過爺爺，也沒見過姥爺，從未得到過隔輩的父愛。

　　想像中的爺爺，必定是個胖胖的白鬍子老頭兒，長長的壽眉，滿臉皺紋，伸出一隻關節扭曲、布滿橘皮的大手，遞給我一枚銅元「去買塊糖吃吧！」小時候我沒有接觸過任何年逾古稀的男性，唯一有印象就是給我們看病的大夫，想像中的手就是源於那只給我們「號脈」的大手。

　　小時候在家裡，沒有人提起過爺爺，由於姥爺也已不在，並未感到什麼不妥。到了十幾歲，媽媽突然悄悄給我看一疊照片，那是爺爺在臺灣的墓地，墓碑上書「太倉狄君武先生」，墓前有一個牌樓，上面有蔣介石和陳誠先生的題字，幾個當時並不認識的人（我的堂姑父、姑媽及表哥、表姐）在墓前合影。這是我第一次有了實質性的概念：「我曾經有過一個爺爺，叫狄君武，在臺灣，已經去世了。」

　　隨著兩岸關係的不斷改善，我們可以越來越方便地獲得有關爺爺的資料——網上各類文史稿件、研究成果、回憶文章，父輩珍藏的書籍、信件、照片以及他們

的親身回憶，我腦子裡爺爺的形象越來越清晰，原來他並不是胖乎乎的白鬍子老頭，而是身著長袍、個頭不高、相貌與家父有七分相似、臉上帶著淺淺微笑的文弱老人。待讀過《狄君武先生遺稿》和《給佩蘭的信》，更發現爺爺是一個品格高尚、善良通透的長者，從他記帳之原則：「不宜悉記者，記賬時偶忘之，不苦加思索，施不則償，不必誌其姓氏；不可不記者，人之厚我，我所欠人，何可一日忘之者是也」，即可見一斑。他十分喜歡孩子，想方設法把自己一生的經驗傳授於後輩：「處世為人以不貪為寶」、「一切往好處想、凶處做」、「搶吃者可恥，搶做者可敬」，平心靜氣，言簡意賅。

一直聽說爺爺有記日記的習慣，並不吃驚，我父親也存有幾十年日記，與爺爺一樣，「日記的內容一如賬簿一般瑣碎，除了流水賬式的記事之外，也將友人的聯繫方式、往來信函、時事感言、故事雜記、奇聞軼事散記其中，甚至連吃飯的桌次、菜譜都不漏」，除此之外，我父親作為一個攝影家，日記中還多了不少照片，真正是圖文並茂，青出於藍而勝於藍。

此番拜讀了國民黨黨史館王文隆前館長之〈狄膺日記導言〉，十分驚喜，過去有關爺爺的資料也讀過不少，如此清晰完整的敘述還是第一次。導言內容頗豐，其中最吸引我的不是爺爺擔任過多少委員、幾任秘書長，留有多少家財房產，而是他老人家如何孤獨地在臺灣度過那十幾年的生活，讀到「然因家人皆不在身邊，家無定居，食無定所。或因他在臺孤身一人，經常出外

遊覽，對於同鄉活動參與頗多，對後進照顧亦深。1955
年6月中，因糖尿病引發眼底視網膜血管破裂，左眼失
明，目力漸衰，以一目視，書寫行斜字歪。狄膺入廣州
街中心診所診治，後送至聯勤醫院，醫師吳靜稱他有六
病，一齒、二腰、三糖尿、四慢性膽囊炎、五眼翳障、
六機能性腦血管痙攣，身體狀況劣化」時，不禁潸然淚
下，心酸不已。他一個人，必然是寂寞的，「雖能藉著
參與北大校友會、蘇松太同鄉聯誼會，以及臺北粥會的
機會，與友朋交遊，到各處就餐，或是前往姪女處走
動」，但是晚上回到家中，獨自一人，既無兒女在側，
亦無孫輩繞膝，滋味一定不好受，正如他老人家所述
「余孑然一身，中心起伏萬狀，遇節更悲，非他人所可
體會也」。一安每讀至此，如萬箭攢心，自恨此生未曾
有機會與爺爺相逢。

　　假如我們相逢，他一定會第一個抱起我，給我起一
個好聽的名字。

　　假如我們相逢，他一定會捧我坐在膝上，低頭看著
我，而我則會用黏黏的小手觸碰他的尖尖的鼻頭。

　　假如我們相逢，他一定喜歡坐在沙發裡聽我漫無邊
際地胡說八道，在我偷吃東西的時候，打我的屁股。

　　假如我們相逢，他一定會給我讀書，講故事，然後
天天讓我描紅模子、寫大字。

　　假如我們相逢，他一定會教我掃地、洗碗，長大了
還會督促我做飯、製衣。

　　假如我們相逢，他一定會拉著我手，送我去上學。
放學時候去接我，給我帶一隻甜甜的冰棒。

假如我們相逢，我一定是他最喜歡的孫輩，我們會很談得來，我一定最會拍他的馬屁，說好多他喜歡聽的話。

我想看看他的臉，聽聽他說話的聲音；我想在他生病的時候陪伴在他身邊，在他寂寞的時候做他的開心果。我相信，如果有我們在他身邊，他老人家絕對不會那麼早就離開這個世界。我研究過家譜，狄氏一族，長壽者居多，爺爺的兒子，我的親叔叔今年已九十五歲高齡，仍然健步如飛，思路敏捷，言語清晰，記憶尤佳。

所以對於我，爺爺是照片，是文字，是日記，是原溟叔叔「親愛的父親」，是原渤叔叔的「大伯伯」，是起鳳姐姐的「大好公」，而我與爺爺的相逢卻永遠只能是「假如」！

2023 年 7 月 31 日星期一

我和狄膺日記的故事

狄蘭
狄膺次子狄原溟之女

和王文隆前館長的故事

　　和王文隆前館長的緣分從 2015 年 5 月我計畫赴臺開始。

　　1964 年祖父仙逝後，中國國民黨黨史會將狄氏家譜連同其他遺物妥善保存在臺北恆溫恆濕的檔案庫房中。兩岸三通後，我父親和大伯聯名致函國民黨，懇請將祖父關於個人與家族的遺物發還給直系親屬。而後十幾年中，父親不間斷地寫信給國民黨黨史館，2010 年父親赴臺掃墓，又打電話與當時的館長聯繫，希望能前去看領，由於時間緊迫未果。我於 2015 年計畫赴臺公幹，父親提前致信人在臺北的表哥施銘賢，請其親自拜訪黨史館的王文隆館長。身為歷史學博士的王館長恰好對這段歷史和我祖父有相當的瞭解和興趣，且在學術論文中曾有所提及，允予協助。由於狄膺遺物已編入館藏，不僅哪些是文物，哪些屬個人物品難以界定，歸還遺物對檔案館來說也是個大工程。檔案需要編號，並複製電子檔和紙本檔備份後才能交還原物，工作量巨大。情況複雜，責任重大，懷著對故人的敬仰，對遺屬的理解，王館長率領館內外同仁在短時間內加班加點，清

理、造冊、掃描、拷貝文檔，將不可能完成的任務化為可能！2015 年 6 月，我攜帶詳備的身分證明（涉及父子兩人戶籍各在一方無法公證何以取代等具體細節），滿足了放行遺物的要求。王館長和我在表哥銘賢、銘成的見證陪同下，交接了祖父的部分個人物品，包括照片、書信、戶口名簿、醫療卡、文房四寶，還有寶貴的家譜孤本。而日記做為歷史資料，則留在了黨史館，當時王館長就提及有意將日記整理，公開在網上或以紙本出版。至此，這件拖了幾十年的家族大事終於有了開端。

如此重要的物品，我自不敢託運快遞，好在經常健身，有把子力氣，手拎肩背超重物品登機。聽說攜帶的是半個世紀之久的遺物，熱心的空服員幫我安排了安全儲物措施，得以親自帶回大陸！多麼欣慰，讓 87 歲的老父親在有生之年實現夙願！父親手捧 18 歲後就未曾謀面的祖父遺物手稿，睹物思人，老淚縱橫。直到現在，父親還會經常拿出珍藏的遺物，靜心瀏覽。感謝尊重歷史、善解人意、踏實做實事的中國國民黨文傳會黨史館王文隆前館長和他的團隊，將祖父遺物妥善地保存。父親後來透過我給王館長寫了感謝信，說檔案館辛勤努力的專業精神和工作作風非常值得我們尊敬學習，盼望陸續複製一些重要作品（已出版遺稿所未載者），以便更加深入地瞭解他老人家的思想脈絡，繼承他的優秀品學。

關於日記的出版，則在 2020 年，透過王前館長的連絡，臺灣的民國歷史文化學社願意加以出版，我父親

自然大力贊成出版祖父的日記與帳冊等等，並親自以年
邁的雙手寫下了授權信。祖父遺物將作為紙本出版，讓
後人瞻仰，實是幸事。

我和祖父

我還沒有出生，祖父已仙逝。第一次聽到祖父的事
情，是我在小學四年級考取了北京外國語學校之後。當
時的北京外國語學校是一所從小學選拔學生，請來外語
教師進行封閉式小班寄宿教學，培養外交官和高級翻
譯的專門學校，能夠考上可謂百裡挑一，於己於家是件
非常榮耀的事情。筆試、面試我均名列前茅，剩下就是
填表了，父母、祖父母的被劃成分和工作也要填。記得
父母關上房門，商量良久，出來面色凝重地通知我，不
管結果如何，都要如實填寫祖父的成份是反動官僚！我
驚呆了，我，一個品學兼優的大班長，竟然有這樣的祖
父！？那時年幼的我，頭頂上的天都暗了。先不說外國
語學校肯定不能容許有這樣一個祖父的學生入校，如果
同學們知道了，這等於宣判我的社會性死亡！所以倔強
的我拒絕填寫，選擇放棄。那時我無疑是又驚又怕又恨
又愧的，童年的最大陰影莫過此事。從那時起，提起爺
爺一詞，我就會心跳加速，把頭低下，無臉見人。

後來的事情，自不必多言，兩岸三通，姑姑原湛和
表哥銘成來訪，在我家與離別失散近四十年的女兒起眉
相見，當年匆匆赴台，誰能想到那一別就是半生！記得
每天母女倆都會抱在一起無言流淚，他們也帶來了祖
父活生生的故事和傳奇。我後來又讀到 2004 年傳記文

學上發表的〈追憶平常老人狄膺先生〉及有「羅家倫敬
題」字樣的《狄君武先生遺稿》、《給佩蘭的信》（其
中一句「給你的信，百年後寶貝，勿棄掉是幸」，果已
言中）及家鄉太倉出版的《狄君武研究》和《狄君武紀
念文集》。兩次赴臺公幹，祖父生活過的臺灣給我留下
非常溫暖美好的印象，交到此生最好的兩位可以信賴的
摯友，聽姑姑姊姊哥哥們的追憶，給祖父掃墓，墓碑
上的他，刻上了深深眷戀的家鄉名字「太倉狄君武先
生」，一如他的書法落款「婁東狄膺」，偌大的墓園，
也向我訴說著後人的景仰。家鄉太倉方面也傳來消息，
為了紀念他對家鄉的貢獻及捐學的善舉，準備修建狄家
祖宅建立紀念館。原來，是造化弄人，讓我抬不起頭的
祖父是我最應該敬仰的長輩。人這一生，四處漂泊，不
知會受到什麼事的影響，遇到什麼人的引領，帶你走向
何方，拋開一切政治和個人的因素，道路也許有所不
同，但磊落人格與高尚品行的光輝，無論歲月幾載，身
在何處，擋也擋不住。祖父君武，翩翩君子，威武不在
身軀，在內心也。作為您的孫女，我自豪。

我和日記

　　這部《狄膺日記》手稿，除了父親，我們都還沒有
通讀整篇。父親讀後決定不刪改任何一字，不遮掩任何
一段出版，他相信祖父磊落的作風會同意這種自白書式
的曝光選擇。如王前館長文中所說：「史料為公器，資
料公開能使過去撥雲見日」。

　　透過王前館長的導言才知，原來祖父的祖父還賣過

布哩，怪不得我這麼喜歡購衫。但看到後面，和堂姐一安一樣，我不知不覺早已淚眼婆娑。1951 年 1 月 2 日元旦假期期間，自記：「今晨在動物園見母猴餵乳其獼，為之捉蚤，親愛之極，無可比方。頓念先慈恩愛，又惜二兒長違，心痛淚流，難以解釋。」又如他詩中所言：「雲氣轉回涼，投書梗故鄉，沉思唯姊險，雙淚落床倉」。想他晚年隻身一人，遠離家鄉和親人，疾病纏身，一個不會做家務的文人老人家，事無巨細，必須自己照顧打理；思親思鄉，走到處均睹物觸景生悲情，令人扼腕心痛！我揣摩，他之所以將日記記那麼細致，是因為寂寞寡淡以字為伴，聊以自慰，抑或是冥冥中想留下所走足跡供後代知曉、想像和祭奠。而在海峽這一邊，親人們均自身難保，也因他的身分和關係而受精神和肉體煎熬。可憐的祖母，文革中被推打，多年股骨頭斷裂，因為身分問題得不到醫療救助。父親和大伯最好的年華不在大學教書、報社攝影，卻分頭在農場做苦工改造。不想多言北京之外親戚因此發生的自殺、跳樓和逼瘋慘事，連姊姊和我的小小求學之路都受到連累。歷史，就是這麼殘忍！姐姐叫雁，我叫蘭（簡體字為兰），雁兰加起來的筆畫和膺一致。這個暗中紀念祖父的梗還是當年審查父親者將無心之舉歸類為有意之為，可謂醍醐灌頂。我真是服了，如今改謝了，歷史，也是這麼奇妙！

越發覺得這本日記的出版意義非凡，它就是一段重要歷史的縮影。從我的小角度，讓我這個從未謀面的孫女知道異鄉的祖父曾經那麼思念我們，日常的紀錄會拼

湊出一個活生生的崇真而不虧情的平常老人！

　　日記尚待發表。當我某天捧起這本日記時，現在的我已決定我要收起眼淚，放鬆身心去拜讀。故人已去，悲情固有，但何不視之為一首自創的生命輓歌，一筆一畫低聲吟唱着一位令人尊敬的詩人、哲人、書法家、楹聯家和長者的情懷。他一生無俗骨，亦無俗筆，清心寡欲，潔身自好，悲天憫人，精神閃爍，低調親和，樂善好施。愛妻教子，一路私立南開、北上北大、清華求學。大陸助學台灣幫親，不求回報，從不看重物質享受。留法時將一個人的獎學金分成兩份，省吃儉用，助三叔公留德學醫回國，後又聯手資助四叔公留美。兩袖清風的官員，卻捨得拿出積蓄幫助家鄉建中學。唯以教育為本，才有國家富強，沒有這個初心是不會做此有家國情懷的慈善之舉的。當年重慶管家巷 13 號的祖父和三叔公兄弟倆的家成為了抗戰時太倉逃難至此一批又一批親友的免費接待站，少則幾週，多則幾月幾年，並協助求學，工作，結婚成家，還有義務醫療，實乃古道熱腸。記賬則「施不望償，不可不記者，只有人之厚我，我所欠人」。無論怎樣孤獨無望，疾病纏身，他也不會對不起結髮妻子，重新尋伴組家。做為狄膺的後人，我們肩負精神傳承的責任，一代又一代。

　　今年 4 月的傍晚，父親長長午睡後，說夢見了和祖父一道在賞天壇公園的二月蘭，要我立刻陪他前去觀賞。放下正在做的晚飯，攙扶著老媽，我們出發了。千年古樹下，大片大片紫色的二月蘭，那麼美，那麼香。那一刻，相信祖父在天之靈，正微笑地望到北京、天

壇、二月蘭，三個不浪漫不成活的親人，相聚神遊賞
花。他和父親心裡想的一樣：今天的日記，要寫首詩。

願景

　　如果說願望，父親今年已九十五歲，我希望可以透
過日記出版，與檔案館現任負責人取得聯繫和深入理
解，創造機會幫助父親取回祖父更多遺物。祖父本人沒
有實現落葉歸根，但至少遺物可以回到他的兒子孫女們
有溫度的手中，而不是在冰冷的倉庫無人問津。這也
算是對祖父在天之靈的告慰及父親與其親父離散的彌
補吧。

　　再次感謝王館長，感謝出版方，感恩緣份，感恩有
您們！

　　感謝中華粥會曾對祖父墓園進行的整理和對發起人
狄翁的吟詠懷念。嘉話傳千口，泉下定有知。

　　感謝當年曾坐在祖父膝上的我的表姊、表哥們，尤
其是年紀最長、清楚記得祖父之好的大哥銘傳，每年在
清明時分為你們的大好公掃去墓碑上的灰塵和落葉。

　　　　　　　　　　　　　2023 年 7 月 25 日於加拿大

民國日記 101

狄膺日記（1947-1949）

The Diaries of Ti Ying（Diffoutine Yin）, 1947-1949

原　　著　狄　膺
主　　編　王文隆
總 編 輯　陳新林、呂芳上
執行編輯　李佳若
封面設計　溫心忻
排　　版　溫心忻
助理編輯　詹鈞誌

出　　版　🛡️開源書局出版有限公司
　　　　　香港金鐘夏愨道 18 號海富中心
　　　　　1 座 26 樓 06 室
　　　　　TEL：+852-35860995

　　　　　✳️ 民國歷史文化學社 有限公司
　　　　　10646 台北市大安區羅斯福路三段
　　　　　　　　37 號 7 樓之 1
　　　　　TEL：+886-2-2369-6912
　　　　　FAX：+886-2-2369-6990

http://www.rchcs.com.tw

初版一刷　2023 年 11 月 30 日
定　　價　新台幣 420 元
　　　　　港　幣 115 元
　　　　　美　元 16 元
I S B N　978-626-7370-07-0
印　　刷　長達印刷有限公司
　　　　　台北市西園路二段 50 巷 4 弄 21 號
　　　　　TEL：+886-2-2304-0488

國家圖書館出版品預行編目 (CIP) 資料

狄 膺 日 記 (1947-1949) = The diaries of Ti Ying
(Diffoutine Yin), 1947-1949/ 狄膺原著；王文隆主
編 .-- 初版 . -- 臺北市：民國歷史文化學社有限公
司 , 2023.11

　　面；　公分 .--（民國日記；101）

ISBN 978-626-7370-07-0　（平裝）

1.CST: 狄膺　2.CST: 立法委員　3.CST: 傳記

783.3886　　　　　　　　　　　112014610